W0365134

WESTEND

Ria Endres

NORDEND

Ein Stadtteil wird verkauft

WESTEND

Mehr über unsere Autoren und Bücher:
www.westendverlag.de

Die Deutsche Nationalbibliothek verzeichnet diese Publikation in der Deutschen Nationalbibliografie; detaillierte bibliografische Daten sind im Internet über http://dnb.d-nb.de abrufbar.

Das Werk einschließlich aller seiner Teile ist urheberrechtlich geschützt. Jede Verwertung ist ohne Zustimmung des Verlags unzulässig. Das gilt insbesondere für Vervielfältigungen, Übersetzungen, Mikroverfilmungen und die Einspeicherung und Verarbeitung in elektronischen Systemen.

FSC® www.fsc.org
MIX
Papier aus verantwortungsvollen Quellen
FSC® C083411

ISBN 978-3-86489-300-1
© Westend Verlag GmbH, Frankfurt/Main 2020
Die Rohfassung des Textes wurde 2018 verfasst.
Umschlaggestaltung: Buchgut, Berlin
Satz: Publikations Atelier, Dreieich
Druck und Bindung: CPI – Clausen & Bosse, Leck
Printed in Germany

*»Hoffentlich wird es nicht so schlimm,
wie es schon ist.«*

– Karl Valentin –

Ein harmloses Klingeln, so begann alles. Ich öffnete die Wohnungstür. Schon bevor meine Nachbarin zu sprechen anfing, sah ich an der Neigung ihres Kopfes, dass irgendetwas geschehen war, was mein Leben verändern wird. Sie versuchte zu lächeln, doch was sie sagte, erschreckte mich. Unser Haus soll, so die Hausbesitzerin in einem Telefonat mit meiner Nachbarin, demnächst verkauft werden. Ein Vorgang hinter unserem Rücken. Mein Kopf surrte an diesem herrlichen Frühlingsabend. Unser Haus verkaufen? Ich war für Augenblicke unfähig, das Wort verkaufen richtig zu verstehen, obwohl ich mit der Bedeutung von Wörtern vertraut bin. Meine Mietwohnung soll also wie alle anderen neun Mietwohnungen unseres Hauses verkauft werden. Nicht ich, nur die Wohnung. Denn es ist ja in Wirklichkeit nicht unser Haus, es war nie unser Haus. Was man so alles dahinsagt. Ich dachte immer, mir würde so etwas nicht passieren oder sollte ich sagen: zustoßen. Das Verhältnis zu unserer Hausbesitzerin war doch nicht schlecht, im Gegenteil, es hatte sich über Jahrzehnte hinweg fast ein Vertrauensverhältnis entwickelt. Aber das bedeutete plötzlich gar nichts mehr, sonst hätte uns die Hausbesitzerin über ihren Plan informiert, und sicher wäre ein für alle annehmbarer neuer

Besitzer gefunden worden. »Alles net bös gemeint«, hat der Bruder der Hausbesitzerin gesagt, der sich wie der wahre Hausbesitzer aufspielte. Also müsste ich mich eigentlich nicht fürchten, oder doch? Net bös gemeint heißt: Ich, als plötzlich schlaflose Mieterin im Frankfurter Nordend soll bitte demnächst oder später wegen irgendwelcher obskurer Modernisierungen des neuen Besitzers aus meinen vier Wänden verschwinden, wenn ich die Umbaumaßnahmen nicht aushalte und die explodierende Miete nicht mehr bezahlen kann. Verschwinden. Nur wohin? In eine andere Mietwohnung, wo mir wieder das Gleiche droht? Ich nenne meine vier Wände im Frankfurter Nordend mein Zuhause, obwohl ich auch in der Sprache mein Zuhause habe. Zumindest in ihr konnte ich der Verzweiflung immer entgehen. Zumindest in der Sprache und in meinen vier Wänden fühle ich mich nicht fremd. Im Gegenteil, ich kann mir mein Leben nirgends anders vorstellen. Zwar habe ich auch auf Reisen geschrieben, aber die meisten Texte sind hier im Frankfurter Nordend entstanden, also nicht in einem luftleeren Raum.

Wie schnell ein Leben kippt, weiß ich, und zwar nicht nur aus Filmen. Natürlich beobachte ich alle möglichen Veränderungen in Frankfurt seit Jahren und auch die verfehlte Wohnungspolitik der Stadt. Entfesselte Finanzmärkte ohne erkennbare Regeln erschrecken mich. Die Herrschaft des Geldes hat viele Gesichter.

Unter Gentrifizierung wollte ich mir nie so recht etwas vorstellen. Jetzt kann ich mich nicht mehr um den Begriff herummogeln. Gentrifizierung heißt: Verdrängung der Bewohner wegen explodierender Mieten nach sogenannten Modernisierungen und ist ein Zeichen der Zeit mit ihrem fieberhaften Immobilienmarkt, der irgendwann in einem folgerichtigen Ende platzen wird. Und welche neuen Bewohner haben jetzt den Platz der Verdrängten eingenommen? Kritiker sprechen von einer Gentrifizierungsidylle, die im dicht besiedelten Nordend, dem Stadtteil der GRÜNEN, auch in den Straßencafés sichtbar ist.

Seit über vierzig Jahren wohne ich hier im Frankfurter Nordend. Das Nordend ist, wie es so treffend heißt, »ein gründerzeitlich gebauter Innenstadtbezirk«, der in der Mitte des 19. Jahrhunderts deshalb entstand, weil sich die Stadt immer weiter nach Norden ausdehnte. Während meines Studiums lebte ich in einer Wohngemeinschaft in der Sternstraße, jetzt lebe ich nicht weit davon in der Lersnerstraße. Die Lersnerstraße ist eine Einbahnstraße ohne Geschäfte, aber mit zwei Arztpraxen und einem kleinen Kinderladen. Hier wird vor allem gewohnt. Die schmale Einbahnstraße beginnt am Bornwiesenweg, der nicht nur wegen seines Namens ein wenig romantisch wirkt. Eine einzige, noch schmalere, kurze und elegant geschwungene Einbahnstraße, die Nesenstraße, führt von der Wolfsgangstraße in die Lersnerstraße. Von der Straße ohne Wölfe, aber mit vielen Autos ist es nur noch ein Katzensprung zum Holzhausenpark. Doch die Lersnerstraße zieht sich auch nicht gerade lang hin. Sie endet auf dem sehr befahrenen Oederweg mit seinen breiten Bürgersteigen, an deren Rand zur Zeit ständig Restaurants, Geschäfte und Cafés ihre Besitzer oder Pächter wechseln und mehr oder weniger legal Tische und Stühle auf den Gehsteigen aufgestellt werden. Immerhin gibt es noch Einzelhandel auf dem Oederweg. Eigentlich müsste es, wenn man die Verkehrsverhältnisse betrachtet, *Lersnerweg* und *Oederstraße* heißen und nicht Oederweg und Lersnerstraße, aber die Adern des Stadtköpers haben sich anders entwickelt. Der Oederweg hat als Hauptschlagader des Nordends seine Nase ganz vorn, wenn es um die Abgas- und Feinstaubmengen geht. Aber das ist mir egal, wenn ich im Sommer unter hohen Platanen auf der Terrasse des Eiscafés *Olimpio* im Schatten sitzen kann und

Eis in meinem Mund zergeht. Laufe ich als eilige, an Hindernisse gewöhnte Fußgängerin ins Stadtzentrum hinunter, bin ich schon in zehn Minuten am Eschenheimer Turm. Kurz vor dem ehemaligen Volksbildungsheim mit den roten Sandsteinfassaden, in dem jetzt das sterile Multiplex-Kino *Metropolis* residiert, rettet die Bäckerei *Zeit für Brot* das Backhandwerk, denn ihr Sauerteigbrot, das so gut riecht, ist keine Massenbackware. Im ehemaligen Volksbildungsheim gab es früher im Erdgeschoss sogar eine Volksbücherei, und in den großen und kleinen Sälen konnten Vorträge, Theateraufführungen und Konzerte besucht werden. Deshalb passte das legendäre Theater am Turm, das 1965 seinen Namen von Claus Peymann bekam, so gut als Nachfolger ins Volksbildungsheim. Das TAT war für viele Jahre mein Nachbarschaftstheater. Ich verdanke ihm große Abenteuer. Für die Stadt wurde das herausragende Experimentiertheater im Lauf der Jahre immer mehr zum Problemfall. Man wollte es loswerden und drehte den sowieso schon dünn fließenden Geldhahn zu. Auf meinem Erinnerungsschirm bleiben die Gastspiele der *Bread and Puppet*-Theatergruppe, des *Living Theaters* und vieler anderer Gruppen lebendig. Am einprägsamsten ist für mich die Regiearbeit von Elisabeth LeCompte mit ihrer *Wooster Group* gewesen. Amerikanische Avantgarde pur mit Willem Dafoe und Ron Vawter. Das war in einem früheren Leben. 1995 verkaufte die Stadt das ehemalige Volksbildungsheim mit dem TAT an ein privates Konsortium. Beim Verscherbeln von städtischem Eigentum ist die Stadt ja weit vorn. Zu meinem Alltag gehörte auch das nahe *Stadtbad Mitte* in der Hochstraße. Dort zog ich meine Runden unter dem herrlichen, wellenförmigen Dach über dem großen Schwimmbecken und dem Zehnmetersprungturm. Das Bad war irgendwann restaurierungsbedürftig, aber die Stadt machte das, was sie so gut kann und fast zur gleichen Zeit mit dem ehemaligen Volksbildungsheim gemacht hat: privatisieren und es dann ans Hilton Hotel verkaufen. Die Aufregung nicht nur bei uns Schwimmern war groß. Die Presse titelte: »Fünf-Sterne-Hotel statt Volksgesundheit«. Aber so schlimm wurde es dann doch nicht, vielleicht auch wegen des Protestes und weil der Denkmalschutz noch nicht ganz versagte. Zwar wurde ein Teil des Stadtbades 1996 abgerissen und das Hilton errichtete einen Neubau, aber das nun geschrumpfte Schwimmbad mit seiner verglasten Schwimmhalle, den Steinmosaikträgern und dem Wellendach gibt es noch. Auch ohne Gast im Hilton zu sein, kann man, von außen kommend, aber zeitlich begrenzt, im verkleinerten und nicht mehr so tiefen Becken ohne Sprungbrett schwimmen. Die großzügige Abteilung mit den Saunen und den Kneippschen Becken ist dem Club *Fitness First* mit den dazugehörigen Geräten gewichen, aber ins Wasser eintauchen kann ich trotzdem, weil ich Mitglied des Clubs geworden bin. Ich freue mich beim Schwimmen über den hellen Raum und schaue gerne auf den Park in der Bockenheimer Anlage, der früher »Haschwiese« genannt wurde. Gleich in der Nähe des Hilton Hotels gibt es noch ein anderes Dach, das mir gefällt. Ganz automatisch wandern meine Augen zum kühnen Flachdach des ehemaligen Bayer-Hauses von 1952, das nun dem Fleming's Hotel gehört. Fährt man mit dem Paternoster acht Stockwerke zur Dachterrasse mit der Glasfassade hinauf, sieht man im Weitwinkel die Silhouette der Stadt und an schönen Tagen den Taunus mit dem Großen Feldberg. Zu den fünf trotzigen Spitzen des Eschenheimer Turms auf der Verkehrsinsel neben dem Hotel ist es von der Dachterrasse aus nur ein paar Meter. Dieser unversehrte Mittelalterturm, der die Grenze zwischen Nordend und Innenstadt markiert, sollte schon ein paar Mal abgerissen werden, aber er gehört eben doch zu den Frankfurter Wahrzeichen, zumindest druckt ihn die

Henninger Brauerei auf ihr Etikett. In der Eschenheimer Anlage, ein paar Meter vom Hotel entfernt, steht ein kurioses Jugendstildenkmal. Zwei nackte junge Männer stützen ihren Arm in lauschender Haltung auf einen Mauervorsprung. Sie können sich, weil sich eine Säule zwischen ihnen herauswölbt, nicht sehen, aber durch einen Apparat, den sie sich ans Gesicht halten, miteinander Kontakt aufnehmen. Über ihnen der Kopf des Physikers Philipp Reis aus Gelnhausen. Er entwickelte ein Gerät, mit dem durch elektrischen Strom Sprache übertragen werden konnte. Es dauerte lange, bis der wirtschaftliche Nutzen seines Apparats, den er Telephon nannte, erkannt wurde. Auf dem Stein steht: ZUM GEDÄCHTNIS AN DIE ERSTE VORFÜHRUNG SEINER ERFINDUNG IM FRANKFURTER PHYSIKALISCHEN VEREIN. Neben dem Denkmal befindet sich eine Treppe, die zu einem kleinen Park hinunterführt. Er ist aus ehemaligen Villengärten entstanden. Mittags setzen sich Büroangestellte auf die Parkbänke, vertilgen ihr Essen aus Plastikschalen und freuen sich, wenn Wasser aus dem Wandbrunnen mit dem Medusenhaupt fließt.

Spreche ich den Namen Lersnerstraße am Telefon aus, werde ich oft wegen der drei Konsonanten im Innern nicht verstanden, deshalb buchstabiere ich lieber gleich das ganze Wort. Die Lersnerstraße hat ihren Namen von der berühmten Patrizierfamilie *von Lersner* erhalten. Achilles August von Lersner zum Beispiel war Schöffe in Frankfurt und sammelte vieles, was ihm an historisch Wissenswertem bei seiner Tätigkeit im öffentlichen Leben begegnete. »Aus aufrichtiger Lieb vor Frankfurt zum Nutzen der Nachwelt« heißt es in seiner Chronik von 1711, die 1734 durch seinen Sohn ergänzt wurde. Der deutsche Architekt Alexander Freiherr von Lersner baute 1896 für das Cronstett- und Hynspergische Damenstift, einer Wohltätigkeitsstiftung, seine Gründerzeitvilla in der Lindenstraße 27. Natürlich konnte er nicht ahnen, dass sein schönes Haus 1940 an die Nationalsozialisten zwangsverkauft werden musste. Die Nazis richteten darin die Gestapozentrale mit einem Folterkeller ein. Von den Frankfurtern bekam die Villa den Namen »Schreckenshaus«. 1950 wurde sie an die Stiftung zurückgegeben. Die Mieterträge werden bis heute für Alte und Hilfsbedürftige verwendet.

Ich lebe in einem teilweise denkmalgeschützten Haus von 1874, das beim Denkmalamt unter dem Begriff »Neurenaissance« eingetragen ist. Es passt sehr gut in das Nordend mit seinen meist vierstöckigen Häusern und ihren Sockeln aus rotem Mainsandstein, und ich bin selber ein kleiner Teil des Viertels geworden. Viele Leute wollen zur Zeit auch ein Teil des Nordends werden, aber ganz anders als ich. Nun ist es mir also in unserem gut, aber nicht übertrieben gepflegten Haus passiert. Wenn ich jetzt durch das schmiedeeiserne Gartentor am blühenden Vorgarten vorbei zu den äußeren Treppenstufen bis zur Eingangstür des Hauses gehe und den Schlüssel ins Schloss stecke, verharre ich kurz im kühlen Hausflur mit dem Gedanken: wie lange noch? Die bemalten Wände mit ihren Blumenmustern, die Stuckgirlanden, die gerippten Lampen über dem großzügigen Vorplatz, der in den Keller oder zur Wendeltreppe führt, streife ich kaum mit Blicken, ich kenne ja jede Ritze. Manche Stufen knurren wie ein stolzes altes Tier. Diese Treppe sollte vorsichtig benutzt werden, denn sie schwingt sich eigenwillig am Lichthof vorbei und verlangt Aufmerksamkeit, sonst kann man straucheln. Die Wohnungstür schließe ich ganz altmodisch mit meinem Schlüssel, der nicht einmal fälschungssicher ist, auf, denn ich habe keine App, die über einen Sprachbefehl die Tür öffnet. Meine Wohnungstür habe ich auch noch nicht mit einer smarten Minikamera nachrüsten lassen. Zum Glück empfängt mich nicht Smart Home, sondern meine Bücher mit ihrem nicht schätzbaren immateriellen Wert, oder sollte ich sagen: mit ihrem geistigen Kapital? Ich packe all die Dinge aus, die ich nach meinen Bedürfnissen eingekauft habe, ohne auf dem Smartphone nachgeschaut zu haben, wie es in meinem Kühlschrank aussieht, ich bin ja nicht debil und brauche integrierte Kameras. Diese und andere Kompetenzen will ich mir wirklich nicht abnehmen lassen. Deshalb muss ich auch nicht Alexa bitten, schon einmal die Kaffeemaschine einzuschalten, auf diese Unterstützung verzichte ich gerne, obwohl so viele Leute richtig begeistert sind von der positiven Wirkung auf ihr Privatleben. Kurz, ich brauche Alexa nicht zu danken, dass sie die Kaffeemaschine eingeschaltet hat. Außerdem ist es angenehm, mir nicht die Frage stellen zu müssen, ob der Lautsprecher permanent zuhört oder was mit meinen Daten passiert. Selbstverständlich wird auch kein smart tv mit mir Kontakt aufnehmen, weil es mich sehen und somit ausspionieren kann. Und Viren in anderen internetfähigen Geräten habe ich bisher auch nicht. Schon wieder ein Problem weniger.

Ich schaue oft aus dem Fenster auf die leere Fläche einer Brandmauer schräg gegenüber, der letzten Erinnerungsspur aus dem Zweiten Weltkrieg, und bin froh, dass nicht alle Häuser in der Lersnerstraße von einer Brandbombe getroffen worden sind. Reiner Zufall, denn ein anderes Nachbarhaus stürzte zusammen. In die Lücke baute man in den 50er Jahren ein billiges, grün angemaltes Haus, in dem seit vielen Jahren nur noch eine einzige Frau wohnt. Der Besitzer, ein Arzt aus Hamburg, lässt das Gebäude verkommen. Tauben haben hier ihr Zuhause, und ob es auch Ungeziefer in den leeren Wohnungen gibt, will ich gar nicht wissen.

Nach 1945 veränderte sich das bürgerliche Haus. Aus den hufeisenförmigen, 160 Quadratmeter großen Etagenwohnungen entstanden jeweils zwei Wohnungen, indem man mitten durch das ehemalige Herrenzimmer mit seinem kostbaren Parkett eine dünne Gipswand zog. Deshalb ist meine Wohnung sehr hellhörig. Bisher hatte ich immer Glück mit meinen Nachbarn. Sie waren so rücksichtsvoll wie ich. Als ich 1978 vor dem Haus stand, sah ich bereits von außen, dass es nicht besonders gepflegt worden war, doch für mich hatte es, schon als ich das Gartentor öffnete, eine eigenartige Sogkraft. Die Wände meiner Wohnung waren von einem irren Vormieter schwarz gestrichen, die Räume mit einem lila Teppichboden ausgelegt worden. Vom Hausmeister, der neben mir wohnte, erfuhr ich, dass sich die Frau des Verrückten umgebracht hatte. Zum Glück nicht in der Wohnung, sondern irgendwo im Taunus. Mir war klar, dass man die Wohnung völlig ändern musste. Zuerst wurden die hohen Wände tapeziert und weiß gestrichen, dann der Deckenstuck mit feinen Pinseln angemalt. Die größte Arbeit machte der Fußboden. Mit Freunden entfernte ich den giftigen lila Bodenbelag. Darunter schlummerte ein nahezu unversehrter Dielenboden. Als wir Hunderte Nägel aus den Brettern gezogen hatten und der Kleber abgelöst worden war, kam die Schönheit der honigfarbenen Dielen von 1874 zum Vorschein. Seitdem werden sie immer wieder gewachst und sie glänzen matt. Der Vormieter hatte außerdem die Flügeltüren entfernt und im Keller abgestellt. Als ich sie wieder in die Wohnung bringen ließ, musste ich feststellen, dass sie durch die Feuchtigkeit des Kellers verzogen waren. Ein Schreiner half bei der Restaurierung; nun schließen sie wieder gut. Hinter den schwarzen Tapeten meines zukünftigen Arbeitszimmers versteckten sich Holzleisten. Sie rahmten die Wandpaneelen aus Stuck teilweise ein, hingen aber von der Wand herab. Ich wusste nicht, wie man die Paneelenwände retten kann, aber ich hatte geschickte Helfer. Als ich einzog, gab es noch Gasöfen in jedem Zimmer und sogar einen Kohleofen. Sie wurden nach ein paar Jahren durch eine Gasetagenheizung ersetzt. Die neuen schalldichten Fenster halten den Straßenlärm draußen. Das Haus wurde in all den Jahren Schritt für Schritt modernisiert, nicht zuletzt deshalb, weil der Hausbesitzer, der technische Direktor eines Krankenhauses, eine späte Liebe zu seinem Geburtshaus entdeckte und unbedingt im Alter hier wohnen wollte. Immerhin war ja sein Vater der Architekt des Hauses gewesen. Er schimpfte über die Hausverwaltung, die nichts getan und offenbar auf eine abrissreife Ruine spekuliert hätte. Aber jetzt sollte alles anders werden, weil er selbst mit seiner späteren Frau, einer ehemaligen Krankenschwester, hier einzog. Das Treppenhaus mit den Stuckpaneelen wurde restauriert und mein großer Balkon im Hinterhof verglast. Jetzt habe ich einen Wintergarten. Leider kann ich ihn aber in heißen Sommermonaten nicht so recht benutzen, weil sich der Raum durch die Sonnenstrahlen in einen geräumigen Brutkasten verwandelt. Es hätte eben ein besonderes, mehrfach beschichtetes Glas sein müssen, doch das war dem Hausbesitzer damals zu teuer. Im Frühling und Herbst freue ich ich mich über den Wintergarten und den Ausblick nach Westen in den grünen Hinterhof. Auch die Spitze des 257 Meter hohen Messeturms kann ich sehen. Nachts blinkt die kleine rote Pyramide, ein postmodernes Wahrzeichen der Stadt. Der Hausbesitzer hat das späte Leben in seinem Elternhaus sehr genossen und viel von seiner Kindheit und den Sonntagen im Garten erzählt. Später wurde er krank und siechte jahrelang dahin. Er freute sich, wenn ich ihn besuchte, und wollte oft von mir wissen, ob es einen Gott gibt oder nicht. Doch woher soll ich das wissen. Immer wieder betonte er, dass sein Haus niemals in fremde Hände kommen dürfe. Wenn er aus dem Bett fiel, half ich seiner Frau, ihn wieder hineinzulegen. Jetzt ruht er auf dem Hauptfriedhof, und die Witwe, die Hausbesitzerin, hat seine Wünsche gründlich vergessen.

In einem Monat wird unsere Hausbesitzerin, die auch ein Nachbarhaus und eine Villa mit Garten und Teich in Oberursel vom Krankenhausdirektor und Ehemann geerbt hat, nicht mehr unsere Hausbesitzerin sein. Ihrer Familie gehören außerdem noch einige Häuser und Grundstücke in der Nähe von Limburg. Für ihr Erbe kann sie wirklich nichts, aber sie weiß natürlich, dass es ein leistungsloses Erbe ist. Vielleicht wollte sie durch den Verkauf endlich etwas Besonderes leisten, etwas Eigenes. Was ihr Mann, von dem sie die Häuser geerbt hat, dazu gesagt hätte, ist ihr sicher egal. Fast glaube ich, sie meint, der Akt des Verkaufs sei eine ganz eigenständige Aktivität und sogar mit Arbeit verbunden. Denn Verkaufen ist ja auch nicht einfach. Jetzt hat sie jedenfalls an einen professionell zudringlichen Investor verkauft, der seine Spielwiese vor allem im Nordend hat. Ich möchte ihr keine niedrigen Motive unterstellen, aber so hat sie die Möglichkeit, einen noch größeren Batzen Geld zu bekommen, als sie mit den inzwischen recht hohen Mieteinnahmen schon jeden Monat erhalten hat. Das Geld auf dem Konto reichte nicht mehr. Der Investor ahnte das, denn mit der Gier kennt er sich aus. Das also ist ihre ganz eigenständige Tat: Den Immobilienbesitz flüssig zu machen, weil ihr der Investor so viel Geld für ihre Immobilie bot, wie sie sich das vor kurzem noch gar nicht hätte vorstellen können. Und die ehemalige Hausbesitzerin handelt sehr modern. Wer weiß, was sie mit den anderen Häusern tun wird. Wieder Materie verflüssigen? Geld, Geld, so viel Geld, dreht man da nicht durch? Aber all die anderen schnappen ja auch nicht über. Geldausgeben kann anstrengend sein, aber gewisse Bedürfnisse müssen befriedigt werden, und das Geld wird schon mit Hilfe der Gier wissen, welche. Gibt es eine neuronale

Wurzel für Geldgier, zumal bekannt ist, dass immer noch mehr Geld nicht glücklicher macht, denn Glück hat ja nichts Quantitatives. Eine Sucht jedoch schon. Stimmt der Satz von Freud: »Was süchtig macht, macht unglücklich«? Es geht um Gier. Ist mein Leben jetzt von der Gier anderer bedroht? Net bös gemeint. Das alte Wort »gir«, aus dem das Wort »gierig« hervorgegangen ist, bedeutet ja: mit offenem Rachen lechzen. Sind Raubtiere satt, hören sie auf zu fressen. Deshalb stimmt das Wort Raubtierkapitalismus nicht. Die überfressenen Menschen hören nicht auf zu fressen. Auf dem spätgotischen Bild »Weltgericht« von Stefan Lochner ist ein Gieriger zu sehen, der seinen Geldsack sogar vorm Teufel verstecken will. Die Gier ist auch in Elfriede Jelineks gleichnamigem Roman unstillbar.

Der neue Eigentümer ist ein wirklicher Profi und hat schon vor Jahren ein Netz aus Haus- und Nachlassverwaltern geknüpft, um Kaufgelegenheiten früh zu entdecken. Das Netz wird ständig größer und geschmeidig über meist alte Eigentümer ausgeworfen. Besuche in Altersheimen gehören dazu. Als Immobilienspezialist liebt er es, Häuser zu filetieren. So ging der Aufteiler auch bei seinen Tochtergesellschaften vor, von denen er sich inzwischen wieder getrennt hat. Und die Tochtergesellschaften dürfen im Frankfurter Raum weiter als Projektentwickler für Wohnungsbau wuchern und nicht unwesentlich bei der Gestaltung ganzer Wohnviertel dabei sein. Habe ich etwas übersehen? Wer soll sich bei all den Transformationen noch auskennen, und während ich dies schreibe, wird vielleicht schon wieder eine neue Firma gegründet, eine Transformation getätigt, die irgendwo anders hinführt. Namen kommen und gehen. Namen und die beliebten Abkürzungen, die niemand versteht. In über zwanzig Jahren soll der Immobilienspezialist hunderte Mietshäuser erworben haben. Und so schwillt der Reichtum durch

Immobilien(verkäufe) immer schneller an. In diesen Häuserinvestitionen hockt konsequentes menschliches Handeln, und meine Gedanken laufen in alle möglichen Richtungen.

Diese Immobilien-AG macht nichts anderes als viele andere. Leere oder bewohnte Gebäude für ein Schnäppchen kaufen und sie für mehr als das Doppelte an eine andere Projektentwicklungsgesellschaft veräußern, die auf ihre Weise Wohnraum schaffen will. Viele Geschäftsführer, die man durchaus als Immobilienspekulanten bezeichnen darf, haben beste Kontakte zur Immobilienszene. Gute Vernetzung in Frankfurt führt auch zu anderen Unternehmern im Nordend und Westend. Gegen manche wird schon seit Monaten in nicht enden wollenden Verhandlungstagen ein Wirtschaftsprozess geführt. Die Presse berichtet über Sozialbetrug, Steuerhinterziehung und alle möglichen Bargeldtransaktionen als Methoden der Renditesteigerung. Aber ganz so böse scheint unser Immobilienspezialist nicht zu sein.

Dessen Jagdgebiet befindet sich hauptsächlich im Nordend. Der Geschäftsführer kennt seine Objekte genau. Auf unser Haus hat er sicher schon lange ein Auge geworfen, weil es sich so gut seinem System einverleiben lässt. Das Haus in der Sternstraße, in der ich als Studentin in einer Wohngemeinschaft lebte, hat er auch von einer alten Hausbesitzerin bekommen. Wir lasen damals sehr gerne die Bücher von Siegfried Kracauer an unserem Wohngemeinschaftstisch, allein schon deshalb, weil er ebenfalls, wie auch eine Zeitlang Peter Suhrkamp, in der Sternstraße wohnte. Der Geschäftsführer will meistens umwandeln und seine fieberhaften Aktivitäten reichen von der Körnerwiese bis in die Glauburgstraße, die Elkenbachstraße, den Mittelweg, den Oberweg, die Wolfsgangstraße und die Böhmerstraße. Die Liste könnte man bis ins Westend und gen Osten verlängern. Investoren sind

Menschen, die einfach immer wieder mehr und etwas Neues haben wollen.

Laut Mieterschutzverein soll es noch viel schlimmere Investoren geben. Ein schlimmerer Investor wäre ein asiatischer Investor. Jemand aus dem Reich der Mitte, das mit seinem globalen Führungsanspruch überall sichtbar ist. Doch auch die Geschäftspraktiken deutscher Immobilienspezialisten sind nicht beruhigend, denn ein Haus ist für den Investor nichts anderes als ein Anlageobjekt mit dem alleinigen Ziel: »die Erzeugung eines maximalen Gewinns durch eine weitere Veräußerung eines Objekts«, so die Investorensprache. Selbstverständlich geht es um Gewinnmaximierung, niemand stellt das infrage. Besonders hohe Renditen werden durch den Kauf von Mietshäusern in Premiumlagen erzielt. Ist das Modernisierungswerk an den Objekten vollendet, verläuft die Trennung von den so zugerichteten Häusern nach einem bestimmten Zeitplan, der für uns Mieter im Dunkeln bleibt. Unter dem schönen Wort Modernisierung versteht man: Die Häuser auf den Kopf stellen, energetisch sanieren, kurz und klein klopfen, aufteilen. Und in irgendeiner Gefühlsecke kann man sogar Mitleid mit den Mietern vermuten, die das alles zum Glück selten durchhalten. Warum sollte ausgerechnet das Objekt, in dem ich schon so lange wohne, von diesem Prinzip des Renditefleischwolfs verschont werden und mir nicht passieren, was so vielen Mietern in Frankfurt und weltweit passiert? Wir haben Informationen eingeholt. Es gibt alle möglichen Varianten für das Vorgehen. Manchmal passiert lange gar nichts, ehe weiterverkauft wird. Manchmal soll Modernisierung sogar bedeuten, dass Dixiklos in den Vorgärten und Wohnungen aufgestellt werden. Richtige Modernisierung würde für mich aber heißen: eine Leitung mit Brauchwasser, damit ich meine Toilette nicht mehr mit kostbarem Trinkwasser aus dem Vogelsberg und dem Ried spülen muss. So eine

Leitung gibt es aber nicht. Auch unser Trinkwasser wird immer mehr zum Spekulationsobjekt. Wasser sollte ja ein Menschenrecht sein, wie Luft, Grund und Boden, unverseuchte Erde oder Wohnen. Nicht nur Nestlé sieht das ganz anders.

Frankfurt hat die Nase vorn, wenn es um Gewinnmaximierung geht. Der Brexit wird von der Immobilienwirtschaft maximal ausgenutzt werden, egal wie er endet. Da freuen sich die Aktionäre. Die kollabierende Mittelschicht freut sich nicht. Vielleicht kann Frankfurt ein kleines London werden, schwärmt die Frankfurter Wirtschaftsförderung. Etwa so ein schönes London, in dem sogar Leute mit Job wohnungslos in Bussen schlafen, bevor sie am Wochenende zu ihren Familien fahren? Frankfurt, die kleinste Businessstadt Europas. Investoren spielen Monopoly mit dem Ziel, viele zu ruinieren, um zu gewinnen. Frankfurter Herrschaften, ihr verscherbelt nicht erst jetzt eure Stadt!

Gibt es noch Fragen, wenn die Antworten schon vorher feststehen? Das Credo der Investoren: Erwerben – Demontieren – Operieren – Filetieren – Renovieren – Optimieren – Monetarisieren. Zerstörungsgier. Raumgier mit dem Ziel, immer weiter zu expandieren und sich auszubreiten. Und das ist völlig richtig im Sinne der kapitalistischen Vernunft. Zu dieser Vernunft gehört auch das Wort Luxussanierung. Also eine Immobilie, die bereits da ist, teurer zu machen, als sie schon ist. Dieses Prinzip kann man überall finden, wo es um Luxus geht. Ich bin in diesen Sog hineingeraten. Ich, ein winziger Teil eines Epochenwandels. Aus allem Kapital schlagen. Mit Kapital überwältigen. All das passiert mir in einem Alter, das der Herbst des Lebens genannt wird, oder ist es schon der Winter? Ich weiß natürlich, dass mich letztendlich nichts anderes als der Friedhof erwartet, aber bitte jetzt noch nicht, wo sich unsere mögliche Lebenszeit immer weiter auszudehnen scheint und das Geschäft mit der Altersvitalisierung und dem Abschöpfen der Seniorenersparnisse auf Hochtouren läuft. Immer öfter informiert uns zur Zeit das Zentrum für Bioinformatik im idyllischen Silicon Valley darüber. Dort wird mit unermüdlichem Innovationsgeist fieberhaft auch daran gearbeitet, den Alterungsprozess hinauszuzögern und im 3D-Drucker Ersatzorgane herzustellen. Und es gibt tatsächlich Menschen, die sich schon in flüssigem Stickstoff einfrieren ließen, um den Gewebezerfall zu stoppen. Angestrebt wird das Leben ohne Begrenzung und mit einer neuen Wohnraummöglichkeit im Weltall. Das ist Fortschritt in Reinkultur. Johann Wolfgang von Goethe schlug ironisch einen ganz anderen Weg vor, um das Alter erst gar nicht entstehen zu lassen. Im zweiten Teil des *Faust* heißt es: »Gewiß! Das Alter ist ein kaltes Fieber / Im Frost von grillenhafter Not; / Hat einer dreißig Jahr vorüber, / So ist er schon so gut wie tot / Am besten wärs, euch zeitig tot zuschlagen.« Nun, ich lebe noch, aber ich muss aufpassen, dass diese existentielle Zuspitzung nicht direkt in meinen Körper hineinführt. Ich will keine Kollision, sage ich mir. Außerdem habe ich keine Zeit, Angst zu haben, sage ich mir. Angst. Die ganze Mittelschicht hat Abstiegsängste, weil die berühmte Schere immer weiter auseinandergeht. Also weg mit den Ängsten. Weg mit der Schere kann ich leider nicht sagen. Werden Ängste nicht weniger, je älter man wird? Nicht immer. Wer vermietet einer Frau über siebzig schon eine Wohnung? Und dann kommt mir Samuel Beckett in den Sinn: Wenn schon scheitern, dann besser scheitern ... Er bezieht dieses Scheitern allerdings vor allem auf sein Schreiben. Trotzdem: Wie viel Lebenszeit habe ich überhaupt noch? Diese Frage geht nur mich etwas an und ist sinnlos. Auf alle Fälle sollte ich jetzt auf Zeit spielen. Und wenn trotz aller beruhigenden Selbstgespräche Angst in mich eindringt, Angst, etwas so Wichtiges zu verlieren, dann soll sie etwas Allgemeines haben, was auf die Welt zukommen könnte, wie etwa der Komet in Lars von Triers Film *Melancholia*. Da gibt es kein Entrinnen mehr vor dem Untergang. Ich weiß aber, dass nicht der ganze Globus von den Apokalypsen und Weltuntergängen gleichzeitig heimgesucht werden wird. Es wird unterschiedliche Intensitäten in der Verteilung der Katastrophen geben. Denn es muss ja nicht der Komet, der den romantischen Namen *Melancholia* trägt, den Himmel zudecken. Es genügt schon der ständig anwachsende Weltraummüll, der mit seinen tausenden Objekten Kollisionen aller Art immer wahrscheinlicher macht. So könnte die Geldüberlegenheit plötzlich nichts mehr nützen. Peng! Oder kann man das Leben mit Geld auf dem Mars verlängern? Gerade wurde flüssiges Wasser auf dem Mars enteckt, ein See, allerdings mit 68 Grad Minus und voller Salz. Entsteht da Hoffnung für einen winzigen Teil der Menschheit?

Manchmal habe ich den Eindruck, das Thema Wohnen sei irgendwie peinlich. Schulterzucken als Zeichen der Indifferenz bei Bekannten. So genau wollen sie wirklich nicht wissen, in welcher Situation ich als Mieterin plötzlich bin. Am besten, man spricht so wenig wie möglich darüber. Neulich sagte jemand aus meiner Studienzeit, der viel geerbt hat, zu mir: »Man kann doch überall zu Hause sein.« Jetzt heißt es für mich: gute Nerven in meiner Mikrowelt behalten und trotzdem nicht die Augen vor der Wahrheit verschließen. Immerhin lebt fast jeder zweite Deutsche in einer Mietwohnung. In anderen Ländern der Europäischen Union sind es nur 30 Prozent. Soll die Hälfte der Deutschen demnächst unter die Brücke? Nein, aber ich gebe zu, manchmal denke ich, dass mich die Wirklichkeit mit ihren Tatsachen überrollt, denn das Immobilienvermögen der einen Hälfte steigt und steigt. Das ist keine schöne Erkenntnis für die andere Hälfte.

Auf der Eigentümerseite stehen die Gewinner, auf der anderen Seite die Verlierer. Ich gebe zu, das ist etwas platt, aber deshalb nicht weniger wahr. Es gibt einen Rekord, der all diese Prozentzahlen weiter relativiert. Im Jahr 2018 knackte das Geldvermögen der Deutschen eine historische Marke: Es ist zum ersten Mal über sechs Billionen gestiegen. Diese Zahl kann kaum niedergeschrieben werden. Bei den Nullen muss man verdammt aufpassen, sonst vergisst man eine oder fügt eine dazu. Geld. Was diese Vermehrung für die Statusgruppen und die sozialen Milieus bedeutet, darüber schwirrt einem der Kopf. Ich weiß, dass noch nie so viel vererbt wurde wie zur Zeit, Tendenz steigend. Ein hartnäckiges Tabuthema.

Wenn ich jetzt aus der Wohnung, die mir nicht gehört, meiner Mietwohnung, in der ich seit über vierzig Jahren lebe, auf die Lersnerstraße gehe oder durch andere Straßen in meinem Viertel, sehe ich das mir lieb gewordene Panorama anders als noch vor kurzem. Was bemerkt man, was bemerkt man nicht. Immer mehr Häuser im Immobilienschatten. Immer mehr Ferienwohnungen, aber es ist nicht so schlimm wie in Berlin. Alte Namen von ausgezogenen Mietern bleiben oft an den Klingelschildern, damit es nicht so auffällt. Oder gleich Klingeln ohne Namen und viele Straßen mit möblierten Wohnungsvermietungen, vor allem um den Friedberger Platz herum. Besonders gerne wird allein schon deshalb möbliert vermietet, weil man auf diesem Weg die Mietpreisbremse austricksen kann, denn es gibt ja keinen Vergleich mehr. Schön für Vermieter, die für eine unmöblierte Wohnung im Nordend etwa 14 Euro pro Quadratmeter bekommen können, für eine möblierte dagegen rund 10 Euro mehr. Möblierte Wohnungen sind Hochrenditeobjekte. Dieses Geschäftsmodell gibt es immer häufiger. Den Fachkräften, die projektbezogen arbeiten, ist das egal, sie verlassen die Stadt ja bald wieder, und ihre Arbeitgeber zahlen oft

Zuschüsse. Die Kurzzeitmieter wollen die Berechnungswege für die möblierten Wohnungen gar nicht durchschauen. Und die Nachbarschaft? Kennen sie meistens gar nicht. Diese Entwicklung drückt insgesamt auf soziale Beziehungen. Laut neuester Statistik fehlen 1,9 Millionen bezahlbare Wohnungen in Deutschland. Paradoxerweise gibt es immer mehr Leerstände. An was erinnert man sich, wenn man an den Häusern vorbeigeht, in denen nur Max Mustermann wohnt? Ein Gefühl von Unsicherheit hat sich eingeschlichen. Ich betrachte die Veränderungen meiner Umgebung wie einen verwackelten Film mit Bauzäunen, Gerüsten, gefräßigen Baumaschinen, Dixiklos, Möbeln von Wohnungsauflösungen, Umzugswagen … und ich sehe als leidenschaftliche Fußgängerin, die ihre Bewegungsfreiheit genießt, immer mehr SUVs im Nordend, auch in meiner Straße. Spritfresser für eine immer absurdere Mobilität. Das *Manager Magazin* spricht von diesen Stadtgeländewagen als »gepanzertes Selbst«. Ich begreife nur schwer, wer mit einem solchen Blechberg herumfahren will. In Norwegen heißen sie »Hausfrauentraktor«. Diese platzvernichtenden Spritfresser sind jetzt das Prestigeobjekt ihrer Besitzer. Abgase und Feinstaubausstoß offensichtlich egal. Ignoranz und Überlegenheitsgefühl gehen miteinander eine scheußliche Mischung ein. Der Komfort wirkt als Narkotikum, dann ist die Parkplatzsuche nicht mehr so enervierend. Autos zerstören die Stadt, sagt der Architekt Daniel Libeskind, aber der kann ja sagen, was er will. Wie abgespalten muss das Bewusstsein dieser Autobesitzer von der Realität sein, oder ist das Bewusstsein nur ein Müllhaufen? »Wenn wir so weitermachen, geht uns die Luft aus«, mahnt Harald Lesch. Mit Fahrverboten wäre die Stadt in der Zwickmühle. Die Stickoxide würden zwar verringert werden, aber Fahrverbote quälen die Pendler. Außerdem will die Politik die Autoindustrie auf keinen Fall quälen, denn hohe Renditen für ihre Premiumfahrzeuge müssen sein. Premiumfahrzeuge dürfen auch nicht mit einer Geschwindigkeitsbegrenzung auf der Autobahn gequält werden, wo endlich Aggression ausgelebt werden kann. Ökologische Verantwortung, was ist das? Trotzdem: Im Nordend sind mindestens ein Drittel der Bewohner mit dem Fahrrad unterwegs, auch auf den Gehsteigen. Ich bewundere immer Eltern, die ihren Kindern mit Helmen das Fahrradfahren beibringen, damit sie sich später zwischen den Autos durchschlängeln können. Leider werden diese mutigen Eltern nicht verhindern, dass die Emissionen direkt in die Lungen ihrer Kleinen eindringen, gerade weil sie sich so nah am Boden bewegen. Und diese Eltern müssen auch aufpassen, dass ihre Kinder mit ihren Kinderfahrrädern nicht über eines der auf dem Weg herumliegenden, quietschbunten oder silbergelben Leihräder fallen, die einem Unternehmen aus Singapur gehören. Das junge oBike-Unternehmen hat vor kurzem Insolvenz angemeldet und interessiert sich nicht mehr für seine Leihräder.

Wie leicht ist es, als Fußgängerin grüßend herumzulaufen, denn nicht alle senken ihre Blicke zwanghaft aufs Handy. Ich finde es beruhigend, dass es noch Menschen gibt, die einem ins Gesicht blicken. Ein flüchtiges Mienenspiel zu erhaschen, ist ja beinahe schon etwas Kostbares. Neulich habe ich gelesen, dass mit nur dreiundvierzig Muskeln jede Menge unterschiedliche Gesichtsbewegungen erzeugt werden können. Manche Gesichter sprechen Bände, manche sind verschlossen. Trotzdem: Alle haben es sehr eilig; drängende Passanten, die selten etwas voneinander wissen. Längst vorbei ist die Zeit der Müßiggänger oder der Flaneure, wie sie Walter Benjamin beschreibt, aber das war ja auch 1928, und es waren vor allem Männer, die es genossen, selten arbeiten zu müssen und mit viel Zeit auf den Straßen und Passagen herumzuschlendern.

Die kleine Großstadt Frankfurt wächst und wächst. Der Nordwesten des Nordends mit seiner sogenannten Premiumlage wird jetzt immer häufiger als sehr schick bezeichnet. Ein schickes, aber noch gemischtes Viertel mit Vorgärten und dem Holzhausenpark, in dem das Wasserschlösschen steht; ein Sommersitz der Patrizierfamilie *von Holzhausen*, die mit vielen Bürgermeistern immer wieder die Stadt regierte. Manch eine Patrizierfamilie hat dem Viertel ihre Namen gegeben. Die eingezäunten Gutshöfe aus dem 14. Jahrhundert waren im Besitz der *Stalburgs* und der *von Holzhausens*. Heute fast unvorstellbar, aber die *Holzhausen Oed* lag damals jenseits des Eschenheimer Turms außerhalb der Stadtmauern. Eine schöne Allee führte durch Wiesen und Felder zum Gutshof. Die *von Holzhausens* hatten nahe dem Oederweg ihr Anwesen mit Zugbrücke und einem richtigen Wassergraben errichtet. Johann von Holzhausen ließ das Wasserschlösschen 1910 umbauen, und der letzte, kinderlos gebliebene Familienvertreter schenkte es der Stadt. Heute organisiert die Frankfurter Bürgerstiftung kulturelle Veranstaltungen. Der Holzhausenpark ist bei Kindern und ihren Nannys, die vorzugsweise aus dem Osten Europas kommen, sehr beliebt. Ein kleiner Park mit vielen Menschen, vor allem am Wochenende. Noch viel beliebter ist der Park bei der Immobilienlobby. Er hat eine geradezu magische Anziehungskraft für Häuser- und Wohnungsverkäufe in der Umgebung. In diesem Park klopft aufgeregt das Herz der Immobilienbranche, denn die historische und kulturelle Bedeutung des Viertels ist äußerst profitabel. Um den Park herum werden astronomische Quadratmeterpreise, die nur »richtige« Käufer nicht erschrecken, bezahlt. Käufer, die Prestige- und Wertsteigerung durch ihre Luxusimmobilie erwarten.

Das Tempo für unauffällige und auffällige Veränderungen an den Häusern beschleunigt sich. Nach dem Eigentümerwechsel im November 2016 wurde das Haus vis-à-vis, auch ein Premiumobjekt aus der Jahrhundertwende und in gutem Zustand, eingerüstet und fast bis zum Skelett entkernt. Schon seit Jahren wüten Baumaschinen aller Art außen und innen, Lärmgrenzen sind unbekannt, und die Arbeiter aus Osteuropa tragen nicht einmal Ohrenschützer und Helme. Nach Abbruch des Daches wurde ein neues, höheres aufgestellt, kleingliedrige weiße Fenster und Flügeltüren aus den Wänden gerissen. Eben vieles kurz und klein geklopft und erneuert. Jetzt sind die Fensterrahmen schwarzgrün, der Hausanstrich hat eine bräunlich-rötliche, stumpfe, nachempfundene Sandsteinfarbe, und alles wirkt abgestorben. Zwei gesunde Bäume wurden am Samstag, wo man keine Behörde erreicht, gefällt. Sie störten beim Einrüsten und insgesamt bei den Bauarbeiten. Ihren Platz besetzt nun ein Baukran. Fungierte wie üblich auch hier der Baumfäller vorher als Baumgutachter? Das hat den Bäumen nicht gefallen. Mir auch nicht. Ich habe zugesehen, und die Momente des Fällens zogen sich lange hin. Was sich schreddern ließ, wurde ohrenbetäubend geschreddert. Ohrenschützer unnötig, man ist eh bereits taub, hört also auch Klagen von Anwohnern nicht und weiß grundsätzlich und pflichtgemäß von gar nichts und versteht im Notfall auch kein Deutsch. Wieder ein bisschen Sauerstoff weniger. Übrigens hat der neue Hausbesitzer vor kurzem, nachdem das Baugerüst entfernt worden war, doch tatsächlich zwei ganz armselige neue Alibibäumchen pflanzen lassen. Also bitte, er weiß, was sich gehört. Die neuen Bäumchen sahen tot aus. Und das waren sie auch, nach einigen Wochen verschwanden sie wieder in einem Abfallcontainer. Der neue Besitzer hat sich nach Monaten mit Baulärm und Bauemissionen bei den Nachbarn in einem lappigen Formbrief scheinheilig entschuldigt. Eine Entschuldigung ohne jeden Wert, denn der Baulärm geht weiter. Wann er enden wird: unbekannt und unwichtig. Über das Haus mit der geradezu modellhaften Luxusrenovierung wurde einiges geschrieben. Nach der Entfernung anderer Bäume und Büsche kann ich von meinem Schreibtisch aus jetzt auf die Wolfsgangstraße durchblicken, und dann sind es ja nur noch ein paar Meter bis zum Holzhausenpark.

Wie angenehm ist es, an den blühenden Vorgärten, die das besondere Flair des Nordends ausmachen, im späten Frühling vorbeizugehen. Parkplätze entstanden hier noch nicht, wenngleich die Vorgartensatzung oft nicht eingehalten wird. Denn obwohl sie keine Stellplatzflächen zulässt, wird ständig dagegen verstoßen. Diese Verordnung nützt nichts, wie auch andere für die Bewohner sinnvolle Verordnungen so gut wie nichts nützen. Ich sehe auch immer mehr Betongärten. Beton ist undurchlässig, aber wen kümmerts? Noch schlimmer ist der Blick auf grauen Schotter oder die oft kümmerlichen grünen Ecken als Alibiflecken. Auch die gibt es im Nordend. Wer könnte sich für den Schutz der Vorgärten einsetzen? Wer geht gegen die Verstöße vor? Wenn man im Umweltamt anruft, hört man Klagen über zu wenig Personal und lächerliche Bußgelder, die entweder aus der Portokasse bezahlt werden, oder es wird gleich dagegen vor Gericht gezogen. Ja, es gibt immer zu wenig Geld und Personal, wenn es um die Rechte und die Lebensqualität der Bürgerinnen und Bürger geht.

Manchmal laufe ich im Nordend herum wie in einem Tagtraum mit Rissen. Da es auf den Gehsteigen immer enger wird, muss ich aufpassen, dass ich nicht an die Wand gedrängt werde, weil ich mich nach meinem eigenen Rhythmus bewegen will. Manchmal glaube ich, dass schon bald immer mehr Fußgänger Helme tragen werden. Ich könnte ein Erinnerungarchiv in meinem Kopf einrichten und frage mich, wie ich mir alles einprägen soll, was wegen der vielen Baustellen auf schwankendem Boden steht, verschwindet oder sich verändert. Ich liebe mein Viertel. Vielleicht schreibe ich auch deshalb darüber und denke dabei an Hannah Arendt, die immer wieder betont hat, dass Schreiben eine intensive Art des Handelns sein kann.

Als ich vor zwei Jahren auf dem Nachhauseweg vom Einkaufen schon in Nähe meiner Wohnung war, bin ich auf dem Gehweg der Wolfsgangstraße plötzlich gestürzt. Eine Drop Attack hatte mich niedergestreckt, eine Art Sekundentod, für den keine Ursache gefunden wurde. Doch mein Herz hat wieder angefangen zu schlagen, und ich sah mich schon bald auf dem Asphalt inmitten von blutigen Tüchern liegen. Was war geschehen? Ich hätte gerne etwas gesagt, schnappte aber nur nach Luft. Im Krankenhaus begriff ich nur mühsam meinen Zustand. Gesicht und Stirn waren aufgeschlagen und einige Rückenwirbel zerstört. Ich war lange sprachlos. Aber in meinem Schlafzimmer, das sehr gut zu mir war, kamen die Wörter zu mir zurück. Ich begann, Buchstaben ins iPhone zu tippen. Auf der hellen winzigen Fläche entstanden nachts Gedichte, wenn an Schlaf nicht zu denken war. Ich weiß seitdem, wie schnell und ohne Vorwarnung der launige Sekundentod auf offener Straße zuschlagen kann, aber er wollte plötzlich nichts mehr von mir wissen. Ich gehe seitdem viel bewusster durch die Straßen, mein Raumgefühl ist jetzt anders als vor zwei Jahren.

In all der Zeit saß ich viele Stunden an meinem Schreibtisch und bin zufrieden, denn ich habe mein Auskommen erarbeitet und sogar Ersparnisse. Mein Schriftstellerinnenleben schien gesichert, aber jetzt drohen große Veränderungen, auch auf dem Buchmarkt. Nur Modethemen gehen gut. Gerade hat uns der Börsenverein des deutschen Buchhandels wissen lassen, warum der Buchverkauf so dramatisch rückläufig ist. Immer weniger (jüngere) Menschen lesen Bücher. Es liegt angeblich an den Smartphone und sonstigen Bildschirmen. Wie soll man da auch noch übrige Lebenszeit haben, um ein Buch aufzuschlagen. Das Kulturgut Buch schrumpft. Ich finde es nicht so schlimm, dass der aufgeblähte Buchmarkt abspecken muss. Immer mehr Bücher verschwinden immer schneller. Auch sie werden heimatlos. Doch es ist gut, dass noch Bibliotheken da sind, bis endlich alles digitalisiert ist. Für die Bücher meiner kleinen Bibliothek benötige ich keine Suchmaschinen, ich kenne ihr Innenleben.

Während meiner Studienzeit an der Frankfurter Universität las ich auch Karl Marx, und ich habe neulich in einem alten Notizheft, in das ich am Küchentisch unserer Wohngemeinschaft in der Sternstraße geschrieben habe, folgendes Zitat des jungen Marx gefunden: »Wenn Geld das Band ist, das mich ans menschliche Leben bindet, die Gesellschaft an mich bindet, mich und die Natur und den Menschen bindet, ist Geld dann nicht das Band aller Bande, kann es nicht alle Bande lösen und binden? Ist es daher nicht das universale Mittel der Trennung?«

Ich stelle mir oft die Frage, warum so viele Menschen immer noch mehr haben wollen, wenn sie doch schon so viel haben, dass es weit über den eigenen Tod hinausreicht. Es ist eben nie genug, weil Kapitalismus und Gewinnmaximierung zusammengehören. »Nur der Egoismus existiert«, sagt Michel Houellebecq. Wenn ich schreibe, beobachte ich auch, was mit mir und meiner Geschichte geschieht. Auf die Frage, ob sie sich verzögert oder beschleunigt, habe ich noch keine Antwort. Geld, das universale Mittel der Trennung. Geldexzesse sind ganz normal. Nicht nur Wissenschaftler sprechen von einer Gesellschaft, die sich immer weiter pathologisiert, und diagnostizieren einen wachsenden Realitätsverlust.

Die Stadt kennt selbstverständlich den Ansturm auf Stilaltbauten. Das Liegenschaftsamt könnte prüfen, ob die Stadt das jeweilige Objekt kaufen will, allein schon, um die naheliegende Luxusrenovierung zu verhindern. Es gäbe ja eine sogenannte »Abwendungserklärung« der möglichen Käufer, die bedeuten würde, auf unzumutbare Modernisierungen zu verzichten. Da grinst der Eigentümerverband, und ihre Mitglieder lachen herzlich, denn die etwaigen Auflagen seien wirklichkeitsfremd. Und die neu gebauten Häuser? Gibt es keine Hoffnung? Doch. Der Architekt Michael Schumacher, der mit seinem Büro den Erweiterungsbau des Städel so orginell gestaltete, zeigt bei zwei Architekturprojekten in Oberrad, dass man kostengünstig und doch qualitativ hochwertig bauen kann. Außerdem hat der Bund der Architekten im Juni 2018 ein Manifest veröffentlicht, in dem Kritik an der renditeorientierten »Investorenkultur« formuliert wird. Das Unbehagen an ihrem Dienstleisterdasein wächst. Und Grundsatzdebatten über den Kapitalismus werden vermehrt vom Bund der Architekten gefordert.

Der wuchernde Lärm aus dem gegenüberliegenden Haus endet nicht. Immer weiter wird seine Substanz deformiert und destruiert. Zum Glück kann ich mich auf die andere Seite der Wohnung in den Wintergarten mit seinem grünen Licht flüchten. Die blühende Linde hängt ihre duftenden Zweige in die Fenster. Keine Ahnung, wie alt sie ist, ob sie vor oder nach dem Bau des Hauses gepflanzt wurde. Ihr Geruch erinnert mich an meine Kindheit. Meine Großmutter hat sich manchmal die zarten Lindenblätter zur Erfrischung auf die Augen gelegt, und ab Juli gab es Lindenblütentee. Die Lindenzweige von damals und von heute. Ich sitze in keiner heruntergekommenen Altimmobilie, und der neue Immobilienbesitzer wird allein deshalb schon längst wissen, wie er mit seinem Besitz marketingmäßig am besten umgeht. Das Haus als Kulturgut kann groteskerweise gegen uns Mieterinnen und Mieter ausgespielt werden. Wir gehören offensichtlich nicht zu diesem Kulturgut. Denkmalschutz ist einerseits wertsteigernd, doch andererseits kann die Front des Hauses gerade deshalb nicht gedämmt werden. Also Dämmen für die Dämmindustrie und für eine besondere Mieterhöhung wird hier hoffentlich nicht mehr funktionieren. Denn Denkmalschutz bedeutet: die Sandsteinaußenhaut des Hauses darf nicht durch billiges Dämmmaterial erstickt werden. Das Haus gegenüber stand nicht unter Denkmalschutz, es wurde auch deshalb in einer barbarischen Choreographie immer weiter zu Tode modernisiert. Jeden Tag sehe ich von meinem Arbeitsplatz aus, was es heißt, wenn ein Haus grundsaniert wird. Da konnten die alten Mieter nicht mehr wohnen. Besonders leid tut es mir um einen Mieter, dessen Stimme ich jahrelang im Kulturprogramm des Hessischen Rundfunks hörte; er sprach ganz einmalig über Musik. Ich habe erfahren, dass er jetzt in Bad Soden wohnt. Vielleicht ist es für ihn ein kleiner Trost, dass Mendelssohn Bartholdy sein Violinkonzert e-Moll in Bad Soden komponiert hat. Zur Entkernung und Luxusrenovierung gehört auch die Arbeit von Menschen aus Polen. Ihre heiseren Stimmen dringen aus den Fenstern, nachts schlafen einige im Keller oder manchmal sogar in kleinen Lastwagen, in denen sie Baumaterial und Werkzeug transportieren.

Luxuswohnungen für Topmieter sollen sich im Nordend vermehren, Normalmieter endlich verschwinden. Den Topmietern ist es fast egal, wie viel so eine Wohnung kostet. Bei der tagtäglichen Betrachtung der Modernisierungsmaßnahmen direkt vor meiner Nase kann ich mir den naheliegendsten Gedanken nicht verbieten, dass uns das Gleiche demnächst auch blühen könnte. Zu lange habe ich geglaubt, unsere Hausbesitzerin sei anders, weil es doch um ihr Erbe und die Geschichte ihres Mannes ging, der sein Elternhaus nicht in fremde Hände geben wollte, und weil sie die Mieten sowieso saftig erhöht hatte.

Noch schreibe ich an meinem sechseckigen Schreibtisch. Außerdem stehen in meinem Arbeitszimmer die Kredenz meiner Großmutter mit dem Glockenspiel und ein paar kleinere Intarsienmöbel. Ja, auch ich habe etwas geerbt. Alles gehört zum Inventar wie meine Bücher und ich. Die Zimmerwände mit den Stuckpaneelen betrachte ich als die erweiterten Grenzen meines Körpers und meiner DNA. Jetzt droht Gefahr, die von außen kommt, eine im Moment noch unsichtbare Gefahr. Meine Wohnung, mein Körper, mein Sprachraum, mein Lebensraum. Mit dem glänzenden Dielenboden unter den Füßen will ich mir nicht vorstellen, hier nicht mehr zu sein und vor allem der fast zwingenden Frage nachzugehen: wo dann? Ich brauche nicht *Schöner wohnen.* Manch guter Ratschlag wurde mir schon geschenkt. Auf den verbesserten Mietspiegel, diesen bisher zahnlosen Tiger, sollte man nicht hoffen. Aber der Brexit könnte doch noch kippen, und das wäre gut für die Mieter in Frankfurt. Vielleicht wacht die Stadt auf. Ändert Gesetze. Eine schwache Hoffnung für die nahe Zukunft. Räume gemietet, Leben nicht gemietet. Muss ich mich jetzt fürchten? Nur Mut, mich selber brauche ich nicht zu fragen, wem mein Leben gehört. Es gehört mir. Draußen Geräusche vom Gerüstbau.

Vor einigen Tagen war ich mit anderen Mietern in einer Sitzung des Ortsbeirats 3: »Herzlich willkommen im Gehörlosen- und Schwerhörigenzentrum (GSZ)!« begrüßte uns ein Schild am Eingang der *Frankfurter Stiftung für Gehörlose und Schwerhörige*, in deren Saal die Ortsbeiratssitzung stattfinden sollte. Wir wollten die Ortspolitiker des Nordends über den Hausverkauf informieren. Die Damen und Herren von den Parteien SPD, CDU, FDP, DIE LINKE, ein Vertreter von ÖKOLINKS und DIE GRÜNEN hörten nickend zu. Das Thema war ihnen unangenehm. Wir mussten registrieren: Für diese Politiker, egal von welcher Partei, außer bei denen der LINKEN und von ÖKOLINX, gibt es kaum Grundüberzeugungen. Dass viele vor allem ältere Mieterinnen und Mieter auf einem Pulverfass sitzen, wird als Problem verschoben und ebenfalls jede Frage nach der städtischen Gestaltung der Zukunft, die ja auch auf so vielen anderen Feldern ansteht. Zuerst einmal auf die nächste Sitzung verschoben, dann aber wohl immer weiter auf Sitzungen in ferner Zukunft. Da fiel einem Ortsbeiratsmitglied doch noch etwas Großartiges ein, und alle nickten erleichtert: Er gab uns rührenderweise den guten Rat, an die Öffentlichkeit zu gehen. Diese Veranstaltung mit ihren Politikern und Gästen war also doch keine Öffentlichkeit, dafür aber ein schlechtes Theaterstück. Das Wohnungsproblem ist allen Parteien bewusst und ihre selbst geschaffene Ohnmacht ebenfalls. Oder verbirgt sich dahinter ein stummes Einverständnis? Zumindest ist nur ein schlaffer politischer Wille vorhanden, gesetzlich wirklich etwas zu ändern. Wenn man unsere Stadtteilpolitiker reden hört, weiß man einfach, dass von ihnen wenig zu erwarten ist, egal wie lange die Reden dauern. Es entsteht der Eindruck, dass manche die Mieter ein wenig verachten, weil sie so blöd sind, immer noch zur Miete zu wohnen. Wohnungspolitik ist ja mehr oder weniger abgeschafft, und die Tatsache, dass immer mehr Stress krank macht, wird verdrängt. Weshalb schaut die Stadt stumm dem Spekulationsleerstand zu? Eine Million Quadratmeter Bürofläche soll in Fankfurt leer stehen, auch da ist die Bankenmetropole Spitzenreiter. Für die Überprüfung der Leerstände fehlt, welch Überraschung, zufällig das Personal. Und warum werden leere Büros nicht endlich in Wohnungen umgewandelt? Nicht nur Büros stehen leer. An der Ecke Oberweg/Humboldtstraße zum Beispiel wurde ein neues Haus gebaut, und dieses neue Haus kennt seit einigen Jahren keine Bewohner außer Max Mustermann. Ein leeres

Wohnhaus als Spekulationsobjekt. Da darf nur das Geld wohnen. Und später irgendein neuer Eigentümer. Net bös gemeint, ganz normal. Keine Straftat! Allmählich könnte die Politik über eine Leerstandssteuer nachdenken. In einem Haus in der Eckenheimer Landstraße wohnt ebenfalls niemand, und aus Briefkästen zweier völlig lädierter Altbauten in der Bergerstraße quillt Müll. Sie befinden sich vis-à-vis vom Bethmannpark, also mitten in der City. Die Liste der Leerstände ist lang. Alles Wohngegenden, in denen der Spekulationswert steigt. Altbauten in der Sternstraße, der Battonstraße, der Allerheiligenstraße undsoweiterundsofort, ich kann sie nicht alle aufzählen. Auch viele kirchliche Immobilien werden immer weniger genutzt und stehen oft leer. Außerdem ist es auch den Politikern bekannt, dass immer mehr Wohnungen ausschließlich zum Zweck der Geldanlage, nicht unbedingt zum Wohnen gekauft werden, und wenn zum Wohnen, dann vor allem zur Weitervermietung. So wird der Wohnraum immer knapper. Die Politiker wissen, dass es nicht ewig so weitergehen kann, aber während ihrer Amtszeiten bis zur Pension wird es schon noch irgendwie so weiter gehen. Die Fehler im städtischen System sind ihnen vertraut, durch Wegsehen tun sie so, als gäbe es keine Eskalationsdynamik. Offensichtlich ist es ganz natürlich, vor der Immobilienlobby den Kopf in den Sand zu stecken und die Dinge nicht beim Namen zu nennen. Die Stadt weiß, dass sie in ihrem Kern immer weiter Schaden leidet. Das alles wundert mich nicht. Es ist einfach nur eine professionelle Wirklichkeitsverweigerung, die sich perfekt mit moralischer Verantwortungslosigkeit paart. »Systemwelt gegen Lebenswelt«, sagt Jürgen Habermas. Es gäbe Alternativen, aber sie wären mit einem Risiko verbunden. Apropos Risiko, da wird mir doch jeden Tag im Fernsehen empfohlen, meinen Arzt oder Apotheker zu fragen. Vielen Dank für den Tipp.

Übrigens »ist schon alles gesagt, nur noch nicht von allen«, sagt Karl Valentin.

In diesen Tagen ist Frankfurts Altstadtrekonstruktion zu einem schönen Ende gekommen. Jetzt kann man durch die im Krieg zerstörte, wiederaufgebaute Altstadtkulisse mit ihrer mittelalterlichen Atmosphäre gehen und nach all den Rekonstruktionsdebatten die »Gudd Stubb« der Metropole betrachten. Wird Geschichte tatsächlich so wieder erlebbar, wie es in der Presse heißt? So lebbar wie in Rothenburg ob der Tauber? In den sogenannten »historischen Parzellen«, also in den wiederaufgebauten Häusern, zwischen denen es keine dunklen Höfe mehr gibt, warten achtzig Wohnungen hinter den schön restaurierten Fassaden auf etwa zweihundert Menschen. Prominente haben großzügige Immobilien an der Braubachstraße oder am rekonstruierten Krönungsweg erwerben können, Wohnungen, die angeblich verlost wurden; kaum zu glauben, dass sie höchstpersönlich darin wohnen werden. Es sind alles Wohnungen, die der normale Bürger nicht bezahlen kann. Allerdings möchte ich auch nicht gerade da wohnen, wo der »Hotspot« für Touristen sein wird, denn das Tourismusmarketing läuft ja schon längst. Der Oberbürgermeister vermutet, »dass die Stadt trotz hoher Restaurierungskosten einen Teil ihrer Seele zurückbekommt«, und irgendeinmal später werden die Touristen beim Betrachten der Altstadt glauben, die so wieder aufgebaute Erinnerungsarchitektur sei das Frankfurter Original aus dem Mittelalter.

Gegen die immer weiter anwachsenden Nachtlandungen, begünstigt durch das unwirksame sogenannte Nachtflugverbot auf dem Frankfurter Flughafen, oder die Fluglärmverschiebungen, die nächtlichen Schlaf und Nerven der Bürger schwer belasten, können der sozialdemokratische Oberbürgermeister Feldmann und der grüne Wirtschaftsminister Tarek Al-Wazir, der gern in der Presse als »Klimaversager« bezeichnet wird, offensichtlich nichts machen. Auch nichts gegen den Ultrafeinstaub, dessen winzige Partikel der Wind vom Flughafen in die Stadt und in die Lungen hineinweht und für chronische Entzündungen sorgt. Der Weltflughafen hat das höchste Passagieraufkommen in Deutschland. Und bereits jetzt muss uns die Fraport mitteilen, dass es noch nie so viele Flugausfälle und Verspätungen gegeben hat wie in diesem Jahr, das noch lange nicht vorbei ist. Ein Grund dafür sind die steigenden Passagierzahlen. Die Frankfurter »Seele« muss einfach dazulernen, muss robuster werden, sich auch gegen Dauerbaulärm wappnen bei all diesen Modernisierungen. Niemand sieht sie, niemand hört sie husten, die Seele. Sie scheint sehr diskret zu sein und diskret zu leiden. Sie wird immer unterschätzt. Die Stadt hat ihre eigenen Wohnungen, Grundstücke und Wohnungsbaugesellschaften schon vor Jahren teilweise verkauft und damit auch ihre soziale Verantwortung verscherbelt. Hängt die Seele bei der SPD nicht irgendwie auch mit Solidarität zusammen? Und mit dem Herz? Hat nicht Herbert Wehner (lang, lang ist's her) sogar von der *Herzkammer der SPD* gesprochen? Kann man die Seele sehen, wenn sie so flüchtig ist? Kann auch ich mit der Seele, der so gut wie Unsichtbaren, rechnen? Nimmt sie mich unter ihre Fittiche? Gibt es die SPD überhaupt noch? Zumindest ist sie ein Sanierungsfall.

Und DIE GRÜNEN? Der grüne hessische Wirtschaftsminister im Dauerspagat, wenn es um die neue dritte Flugbahn geht. Und warum kann Ryanair hier nachts immer noch ihr Unwesen treiben? Unbestrittene Nummer 1 beim Ignorieren des Nachtflugverbots. Warum gibt es nur lächerliche Strafen für die immer weiter anwachsenden Nachtflüge? Oder überhaupt keine Strafen? Fehlendes Personal? Warum muss der Verstoß dem Piloten nachgewiesen werden und nicht dem Flugkonzern? Klar, weil es um Profit geht. Gerade in der Ferienzeit werden billige Nachtflüge angeboten. Das geheuchelte Mitgefühl der Politiker verbirgt nicht ihre Entscheidungsschwäche. Übrigens wohnt kein Politiker in der Nähe der Einflugschneise. Nachtflugverbote und Mietpreisbremsen erreichen uns Bürgerinnen und Bürger nicht. Allerdings die Herzinfarkte vom wachsenden Lärm. Ich muss mir endlich abgewöhnen zu denken, dass es um Menschen geht. Profit und Schnäppchen. Es hat in diesem Jahr schon Tausende Nachtflüge gegeben. Jetzt, im Juli, in der Ferienzeit, werden es noch viel mehr werden. Und die Deutschen als Reiseweltmeister wollen schnellstens, bald auch auf Terminal 3, weit weg von ihrem wunderschönen Land. Es gibt noch Steigerungsaussichten, nicht zuletzt durch die durchgepeitschte dritte Flugstart- und Landebahn, Bäume und Kleinvieh werden schon mal beseitigt. Reine Vorsorge bei dieser boomenden Entwicklung und den wachsenden Profiten. Klimaschutz ... was soll das sein ... Und es gibt ja auch Bonusprogramme für das viele Fliegen. Bravo. Immer noch mehr. Warum gibt es eigentlich keine Bonusprogramme (außerhalb des Flughafengeländes) für all diejenigen, die so wenig wie möglich fliegen? Dumme Frage ... Besonders die GRÜNEN Klimaschützer fliegen gerne viel. Das Umweltamt nennt sie »klimabesorgte Klimasünder«. Leider ist das alles gar nicht zum Lachen, besonders nicht für die jungen Menschen, denen wir diese globalisierte Zerstörung unseres Planeten vererben. Sie wissen ja schon längere Zeit, dass ihre Lebensperspektive auf schiefe Bahnen geraten ist, und geben uns mit Recht die Schuld.

Gestern lag in meinem Briefkasten (ja, den gibt es noch) ein Journal von BL (beste Lage/Best Living). Wunderbare Wohntipps für lohnenswerte Immobilien werden in diesem Blatt offeriert. Frankfurt ist auch dabei. Ein außergewöhnliches Penthouse kann von anspruchsvollen Menschen im beliebtesten und begehrtesten Stadtteil Frankfurts in der Nähe des Palmengartens und Grüneburgparks erworben werden bei: *von Poll Immobilien, einem der größten Immobilienmakler Europas.* »Hier findet man echte Lebensqualität.« Als ich gestern vom Eschenheimer Turm zum Kaufhof ging, konnte ich sehen, was urbaner Lebensstil auf internationalem Niveau ist. Immobilienmogule hier wie auch anderswo in der Innenstadt, vor allem im Frankfurter Westend, sprechen von der »Magie der Orte«; mich hat die Hässlichkeit dieser gewalttätigen Architektur in der Großen Eschenheimer abgestoßen, die unweit des mittelalterlichen Eschenheimer Turms besonders auffällt. Keiner muss Rob Krier gelesen haben, um von der unfassbaren Geschmacklosigkeit der modernen Architektur unserer Stadt überzeugt zu sein. Was ist eigentlich in den Stadtplanungsämtern los? Rob Krier glaubt, dass in diesen Ämtern vor allem gescheiterte Diplomingineure sitzen, die dann eine Art öffentliche Baukriminalität genehmigen.

Ich hole immer noch jeden Tag die *Frankfurter Allgemeine Zeitung* aus meinem altmodischen Briefkasten. Hält man mich mit der FAZ unterm Arm auch für altmodisch? Oder vielleicht sogar für hoffnungslos rückständig? Ja, ich lese immer noch das gedruckte Feuilleton. Am meisten vermisse ich allerdings die Artikel des Architekturkritikers Dieter Bartetzko, der sich mit der rücksichtslosen Stadtplanung seiner Heimatstadt auskannte und so luzide bis kurz vor seinem Tod über falsche Protzerei geschrieben hat.

Heute hörte ich am Wasserhäuschen auf dem Oederweg den Satz: »Fürs Rechthabbe kammer sich nix kaufe.« Einige Menschen mit Bierflaschen und einem Flachmann in der Hand setzten sich in den kleinen Dreieckspark zwischen Lersnerstraße und Wolfsgangstraße zu den überquellenden Müllbehältern. Um sie herum liegen *Coffee to go*-Becher. Das ist ganz normal, es landen ja in Deutschland jährlich über eine Milliarde Pappbecher und Plastikdeckel auf den Straßen.

Unser Staat ist sehr beweglich, wenn es ums Geld geht. Ich erinnere mich daran, dass 100 Milliarden Steuergelder der Hypo Real Estate geschenkt wurden. Und jetzt wackelt die Deutsche Bank. Ihre Misserfolge machen den Chefs aber gar nichts aus. Im Gegenteil, sie werden dafür mit perversen Bonizahlungen belohnt, die die Bank dann hurtig als Betriebsausgaben abschreibt. Von den existentiellen finanziellen Problemen der Bürgerinnen und Bürger schaut der Staat weg. Warum gibt es immer noch keine Sozialbeiträge bei Mieteinnahmen? Was sind die Folgen dieser irren Geldverteilung? Und wie blind und taub ist der Staat, wenn sich Immobiliengesellschaften mit einem Trick um die Grunderwerbssteuer herummogeln? Es geht aber um noch viel mehr. Nach Aussagen von Transparency Deutschland dienen etwa 30 Prozent der Immobilienkäufe als riesiges Potential für Geldwäsche aus dem Ausland. Strohmänner erschweren die Aufdeckung. Es gab 2017 über 60000 Verdachtsmeldungen in Deutschland, und nur zwanzig Hinweise kamen von Maklern. Diese Geschäfte wirken sich direkt auf Kaufpreise und Mieten aus, doch das ist völlig egal, es gibt ja auch kein Zentralregister für die Erfassung von Immobilienkäufen. Aber was erwarte ich mir überhaupt von einem Staat, der unentwegt beweist, dass er schwach ist, weil er ohne Berater, die zugleich Prüfer und oft Lobbyisten sind, nicht »existieren« kann? Die Plünderung öffentlicher Kassen durch Cum-Ex-Geschäfte hat er ja auch zugelassen, weil die tolle Wirtschaftsberatungsfirma KPMG den Steuerraub mitorganiserte. Wo sind eigentlich die Fahnder gegen diese Geschäfte, die den Staat um ich weiß nicht wie viele Milliarden betrügen? Die beteiligten Berater, Investoren und Banken freuen sich über die mehr als langsame Aufarbeitung.

Wenn ich Freunden von meiner neuen Wohnsituation erzähle, fühlen sie durchaus mit, aber nicht sehr, denn viele waren einfach zukunftsorientiert und haben rechtzeitig vor Jahren günstig Wohnungen und Häuser gekauft. In ihrem Mitleid schwingt ein wenig Verachtung mit. Manchmal weiß ich gar nicht mehr, was ich denken oder wie ich Bekanntschaften oder Freundschaften einschätzen soll. Schnell signalisieren die Freunde, wie froh sie sind, dass sie einen so (kapitalen) Fehler wie ich vermieden haben. Wer will schon in meine Lage hineinrutschen. Und das alles in diesem Alter! Sie haben eben, oft mit Hilfe von Erbschaften, vorgesorgt. Es wird oft darum herumgeredet, dass eine Wohnungssuche in meinem Alter allein schon problematisch ist. Immer wieder fällt mir Klaus Staecks Plakat mit Dürers Mutter ein. Darunter steht: »Würden Sie dieser Frau ein Zimmer vermieten?« Albrecht Dürers Portraits zwingen uns auch heute noch, genau hinzusehen. Der Sohn will in den ausgemergelten Gesichtszügen von Barbara Dürer die ganze Dramatik ihrer Todesangst festhalten. Klaus Staeck hat viel zu tun. 2014 schreibt er über die vier apokalyptischen Reiter von Albrecht Dürer die Namen: AMAZON, FACEBOOK, GOOGLE und APPLE.

Ich lese über die *Tiny House*-Bewegung. Es gibt ein Wiener Unternehmen, das ressourcenschonende autarke Wohnwaggons herstellt. Merkwürdigerweise hatte auch Tchibo im Juni kleine Häuser im Sonderangebot (40000 Euro auf 16 qm.) Diese ökologisch einwandfreien, sehr kleinen Häuser sollen rasend schnell gekauft worden sein. Wäre das nicht auch etwas für mich?

Kaum war der Frühling so richtig da, verdrängte ihn der Sommer. Der Juni ist heiß und gewittrig. Über das politische Wetter will ich mich nicht auslassen. Und auch nicht über all die Faktenverschleierungen. Als ich gestern einem Platzregen, dem Donner und den Blitzen entkommen war und meine Wohnungstür aufschloss, hatte ich den Eindruck, die Bücher würden mich begrüßen. Brauchen sie mich oder brauche ich sie? Ja, sie schützen mich und lenken mich auch vom Lärm draußen ab. Ich sitze am Schreibtisch, werde aber immer wieder von den Geräuschen der Betonmischmaschine vis-à-vis heftig gestört. Lieber wäre es mir, ich würde das Summen der Bienen hören. Ich gehe in meinen Wintergarten und arbeite dort ungestört weiter. Der Blick auf die mit Mäuerchen umschlossenen Hinterhofgärten, die fast bis zum Bornwiesenweg reichen, beruhigt mich. Im gelben Dämmerlicht beginnt die Pyramide des Messeturms über den Bäumen zu leuchten.

Heute, mitten im Juni, war ich auf der Beerdigung eines guten Bekannten. Er wohnte in meiner Nähe. Manchmal winkte er mir vom Fahrrad aus zu. Dem berühmten Abendlied von Matthias Claudius hat er eine eigene Strophe hinzugefügt:

»Nun liegen alle Brüder
und strecken ihre Glieder
nur ich lieg hell und wach.
Was sind das nur für Strafen,
ich will doch endlich schlafen.
Sonst mach ich einen Riesenkrach.«

Diese letzte Strophe des Liedes wurde vor seinem Grab gesungen. Nun kann ich auch bei ihm vorbeischauen, wenn ich durch den Hauptfriedhof zum Grab meiner Mutter gehe. Auf diesem Friedhof, der immerhin so groß wie 100 Fußballfelder ist und auf dem es 80000 Tote geben soll, kenne ich mich aus. In der Nähe des Haupteingangs liegt Arthur Schopenhauer. Er ist 1860 gestorben und bekam ein Ehrengrab. Arthur Hübscher, der frühere Präsident der Schopenhauer-Gesellschaft, ließ 1968 seine Urne in die Grabanlage des Philosophen hineinschmuggeln, sodass wir im Grunde ein Doppelgrab vor uns haben. Auf die Nähe dieses Alter Ego hätte Schopenhauer gerne verzichtet. Nicht weit davon entfernt bekam Peter Kurzeck, mein Frankfurter Lieblingsdichter, sein Grab. Ich bin vernarrt in seine Erzählerstimme, der ich so oft zuhörte, als ich nach meiner Drop Attack ein halbes Jahr unbeweglich im Bett lag. Zum riesigen Grabstein von Siegfried Unseld ist es nicht weit. Manchmal lese ich das in den Granit gemeißelte Gedicht »Stufen« von Hermann Hesse. Seine Bücher brachten dem Suhrkamp Verlag das meiste Geld. Und obwohl Hesse nicht gerade mein Lieblingsautor ist, hat das Gedicht hier den richtigen Platz:

»Wie jede Blüte welkt und jede Jugend
Dem Alter weicht, blüht jede Lebensstufe,
Blüht jede Weisheit und auch jede Tugend
zu ihrer Zeit und darf nicht ewig dauern …«

Nach ein paar Schritten über die Wiese stehe ich vor dem üppig gepflegten Grab von Manfred Schiedermair. Er hat mir einmal bei einer kleinen Rechtssache geholfen. Und dann bin ich auch schon bei meiner Mutter. Wenn es schön ist, setze ich mich auf die Bank vor die Urnenmauer aus der Gründerzeit und erzähle ihr, was wieder alles passiert ist. Ich bin mir nicht sicher, ob meine Mutter mich nicht doch hören kann. Im letzten Jahr habe ich ihr ein paar Seiten aus meinem Roman vorgelesen und dabei ein Fläschchen Wein getrunken. Ich muss schon sagen, es ist beinahe anheimelnd hier. Da möchte ich auch einmal hin. Und dann ist es nur noch ein Katzensprung zum Grab des Ironikers Matthias Beltz, nach dem hier im Nordend ein Platz benannt wurde. Es könnte ihm gefallen, dass ab und zu auch Füchse auf dem Hauptfriedhof wohnen. Wenn ich genug Zeit habe, gehe ich in südlicher Richtung zum Jüdischen Friedhof hinüber, vergesse aber nicht auf meinem Weg die Gräber von Theodor W. Adorno, die Familie von Lersner und Alois Alzheimer, über den ich ein Theaterstück geschrieben habe. Am schönsten ist der Jüdische Friedhof im Frühling, wenn der ganze Boden mit kleinen blauen Blümchen übersät ist. Vor dem Grab von Bertha Pappenheim bleibe ich gerne stehen. Ihr ungewöhnlicher Lebensweg fasziniert mich. Die Legenden um ihre Redekur als Anna O. bei Josef Breuer gehen mir durch den Kopf. Sie wurde nicht geheilt. Später sah sie die Psychoanalyse als zweischneidiges Schwert und äußerte sich so gut wie nie über ihre Behandlungsmethode. Jahrzehntelang hat sie den jüdischen Frauenbund geleitet und gründete in Neu Isenburg ein Wohnheim für gestrandete junge Frauen.

Nun hat die Fußball-Weltmeisterschaft in Russland begonnen. Aus der FAZ habe ich erfahren, dass der größte chinesische Immobilienkonzern *Wanda*, der bei der Fußball-Weltmeisterschaft mit seinen chinesischen Schriftzeichen Bandenwerbung im russischen Stadion machen darf, einer der sieben offiziellen Fifa-Partner ist. Im letzten Jahr soll der Konzern 29 Milliarden Euro umgesetzt haben. Seine Hotels werden gerade auch in Europa gebaut und übernommen. Weltmacht China, ganz nah gerückt. Das Reich der Mitte mit seinem Einparteiensystem allmählich überall auf dem Globus, auch auf der Bandenwerbung von Kazan, einer Stadt der russischen Teilrepublik Tatarstan. China investiert gnadenlos. Die neue Seidenstraße soll in Duisburg enden. Ist diese Art von Ausdehung, aggressivem Handel und neuen Überwachungsmöglichkeiten nicht beunruhigend? Hoffentlich veräußert der Immobilienspezialist unser Mietshaus nicht an einen chinesischen Investor weiter. Reiche Chinesen kaufen immer mehr Wohnungen in Frankfurts Europaviertel. Es gibt keinen Kaufstopp für ausländische Investoren.

Im Wintergarten verköstige ich ein paar Freunde mit Spargel aus Weiterstadt, den ich an einem ganz speziellen Stand auf dem Oederweg gekauft habe. Bald ist die Spargelsaison zu Ende. Bei unserem gemeinsamen Fußballabend amüsierten wir uns darüber, dass ganz Deutschland zur Zeit in einer Art Fußballseminar sitzt. Besonders Oliver Kahn wirkt als Pädagoge. Allerdings bin ich etwas ratlos, wenn ich in der U-Bahnhaltestelle Grüneburgweg ein Plakat mit dem Konterfei von Oliver Kahn sehe, auf dem steht: »Du bist verwirrt, wenn du hungrig bist.« Er trägt ein oranges T-Shirt mit der Aufschrift »Niederlande« und reckt mit offenem Mund seine geballte Faust in die Höhe. Verwirrt, wenn man keine Erdnüsse isst? Werbung für Erdnüsse? Nicht weit entfernt von diesem Plakat liegt ein Bettler. Und dann sprechen wir am Ende unseres Fußballabends über den Immobilienwahnsinn in den Städten und den Immobilienmilliardär Donald Trump, der sich, so erinnern wir uns an eine Beschreibung Trumps von Richard Sennett, die Stadt vor allem als einen Ort für Immobilienspekulation vorstellt und einige Innenräume des Trump Towers mit Blattgold verziert hat. Nahe bei ihm sein Schwiegersohn, der Immobilienhai Jared Kushner. Donald Trump kann aus jeder Gelegenheit jetzt als Präsident Kapital für seine Marke schlagen, denn ein Präsident bekommt mehr Aufmerksamkeit als ein privater Milliardär. Nebenbei: Der Freund der Saudis hat das Einführen von Jagdtrophäen aus Afrika wieder erlaubt.

Im kleinen Dreieckspark an der Ecke Oederweg/Lersnerstraße liegen jetzt im Sommer manchmal Obdachlose auf den Bänken neben überquellenden Müllbehältern. Einer hat tagsüber irgendwo zwischen den Bäumen eine große Matratze versteckt und holt sie nachts hervor, um auf ihr zu schlafen. In der Lersnerstraße sehe ich wieder neue Dixiklos und Gelerch, Hausrat ohne Wert nach Umzügen auf dem Gehsteig. Überhaupt: immer mehr Dixiklos, immer mehr Baustellen und immer mehr leere Häuser.

Nun das Aus für Deutschlands Nationalmannschaft in der Vorrunde, ausgerechnet gegen Südkorea. Ein Desaster, ein Debakel, eine Megablamage, Gruppenletzter, ein historischer Fehltritt, »bitter«, sagt Joachim Löw. Ausgeweltmeistert. Die Medien überstürzen sich. Aber es ist doch nur Fußball. Mit den Launen des Schicksals muss ich mich zur Zeit auf eine ganz andere Weise beschäftigen. Ich sehe auf den bunten Vorgarten hinab, und weil mir eine Metallsäge in den Ohren weh tut, setze ich mich in den Wintergarten. Die Zweige der Linde sind ganz nah. Die Linde schmückt nicht nur unseren Hinterhof, sie beruhigt meine Nerven.

Auf dem Oederweg weint niemand nach dem blamablen Ausscheiden der plötzlich ehemaligen Weltmeister. Am Wasserhäuschen reden ein paar junge Arbeiter vom vielen Geld, das sinnlos ausgegeben wurde, und ob sich wohl die Werbespots ändern, weil die Sieger jetzt nur noch Verlierer sind. Jetzt, Ende Juni taucht das Wort »Sommeralbtraum« auf.

Eine Freundin hat mir die Fotokopie von zwei Zeitungsartikeln in den Briefkasten geworfen. Die Überschrift eines der Artikel aus Verdi 4/2018 heißt: »Der große Ausverkauf. Die organisierte Katastrophe auf dem Wohnungsmarkt.« In diesem Artikel ist unter anderem von der wirklichkeitsfremden Mietpreisbremse die Rede. Der andere Artikel aus der *Frankfurter Rundschau* druckt ein Interwiew mit dem Architekten Stefan Forster. Die Stadtpolitiker bräuchten Haltung, vor allem, wenn es um den Bau eines »exhibitionistischen« Gebäudes wie dem auf dem ehemaligen Rundschau-Areal geht, aber es fehlt ihnen der Mut, sich mit den Investoren anzulegen.

Die Stadt lädt sich Anfang Juli immer mehr auf. Sie kann sich nicht hitzefrei nehmen. Ich auch nicht. Beim Einkaufen gehe ich jetzt im Schatten. Auch im Schatten der SUVs. Wie fremd kann eine Straße werden? Überall rasche Bewegungen und vage Blicke, gleich wieder im nächsten Augenblick verschwunden. Manchmal sitze ich im *Cafe Olimpio* aus den 80er Jahren unter den Platanen bei einem Eis.

Heute, Anfang Juli, habe ich schon beim Streit um die Transitzentren darüber nachgedacht, wie sie aussehen sollen, und über die politischen Krisengespräche mit dem Satz: »Fiktion einer Nichteinreise«. Wer versteht das? Für wen ist das alles nachvollziebar? Angela Merkel: »Wir müsssen realistische Antworten finden.« Es gibt so viele Konstruktionen, über die auch Experten stolpern. Ich darf nicht stolpern. Ich muss auch realistische Antworten finden. Jetzt, wenn ich die Mitarbeiter des Immobilienspezialisten für eine Besichtigung in meine Wohnung lassen muss. Ja, sie dürfen herein. Das Recht haben sie. Ich werde sie voller Unbehagen gewähren lassen müssen. Für mich ist es eine Art Hausfriedensbruch. Kann ich mich wirklich nicht dagegen wehren? Lauter Fragen an den Mieterschutzbund. Bei einer Terminabsprache waren die Mitarbeiter des Investors giftig freundlich.

Ich habe bei einer Besichtigung nichts zu verbergen. Sprachraum, Wohnraum, Lebensraum. Trotzig stehen meine Bücher wie immer da. Gerade sie gehören ja zu meinem Hausrat, haben untereinander Nachbarschaften gebildet und wollen nirgends anders hin. Nicht einmal ein Antiquar würde sie, bis auf wenige Ausnahmen, nehmen. In meiner Wohnung brauchen sie keine Angst zu haben, ihren Wert zu verlieren. Ich habe noch lange nicht alle ihre Geheimnisse entschlüsselt. Bei mir landen sie nicht im Müll.

Schon seit einigen Jahren hängt die *Dame mit dem Einhorn,* umgeben von einem etwas verblichenen, rubinroten mittelalterlichen Garten, an der Wand meines Arbeitszimmers. Ich hatte sie vor Jahren auf einem Webteppich im Musée de Cluny mitten in Paris entdeckt. Jetzt wohnt die hochgewachsene junge Frau in ihrem prächtigen Kleid mit den Blumenmustern und dem roten Innenfutter bei mir und kennt mich und meine Bücher. Träumerisch hält sie dem Einhorn und auch mir den Spiegel hin, so als wollte sie sagen: Jeder Spiegel verdoppelt das Gesehene. Aber an ihrem eigenen Spiegelbild ist sie gar nicht interessiert. Sie hat mich schon oft in eine schattenlose, unbeschädigte Traumwelt geführt und mir immer wieder Rätsel aufgegeben, die ich nicht lösen kann. Wer bin ich und wer ist sie? Möchte sie vielleicht so unsterblich sein wie das Fabeltier? »Der Körper wird von der Seele in Bewegung gesetzt«, sagt Demokrit. An der Schwelle zur Neuzeit schaut die Dame, umgeben von ihren Tieren und Pflanzen, schon seit über fünfhundert Jahren aus ihrer gewebten Bilderwelt melancholisch auch in meine Gegenwart herüber. Damals winkte die Renaissance von draußen herein, das 21. Jahrhundert kann nicht winken.

Demnächst oder später habe ich einem Besichtigungstermin zugestimmt. Ich weiß nicht, was die Besichtiger interessiert, vielleicht irgendeine Ecke, wo sie mit der Modernisierung ansetzen könnten. Meine Rohre liegen unter Putz! Der Stuck an der Decke bröckelt nicht, meine Böden glänzen, meine Heizung funktioniert geradezu perfekt. Aber leider bin ich noch da und meine Bücher. Ich passe nicht in die Modernisierung und meine Bücher sowieso nicht.

Jürgen Habermas bekommt den Deutsch-Französischen Medienpreis und weist darauf hin, dass man nicht alles der Ökonomie unterordnen dürfe. Er sagt: »Politiker versinken im Sog eines kleinmütigen, demoskopisch gesteuerten Opportunismus kurzfristiger Machterhaltung.«

Jeden Tag wird es heißer. Es ist ja auch Juli. Gestern fuhr ich mit der U5 von der Glauburgstraße aus an der Deutschen Bibliothek und dem Hauptfriedhof vorbei zum Mieterschutzverein. Beim Gespräch mit einer Fachfrau wurde mir erst wirklich deutlich, dass es für mich einige Möglichkeiten gibt. Entweder macht der Immobilienspezialist erst einmal gar nichts (das soll ja tatsächlich vorkommen), oder es wird auf brutale Weise modernisiert, damit die Miete hochgetrieben werden kann, oder er macht aus den Mietwohungen teure Eigentumswohnungen. Es kann dann durchaus sein, dass der zukünftige Eigentümer Eigenbedarf anmeldet, aber nicht, um dann in meiner ehemaligen Wohnung zu leben, sondern um sie aus Profitgründen weiterzuvermieten, zum Beispiel an Touristen. Wen kümmern schon diese Untervermietungen, die soziale Situationen zerstören? Über hunderttausendmal im Jahr kommt es in Deutschland zu Eigenbedarfskündigungen. Tendenz steigend. Eigenbedarfskündigungen als Vorwand und Spekulationshilfe. Bußgelder wegen Zweckentfremdung gibt es nicht mehr. Die unklare Rechtslage hilft! Der *Spiegel* schreibt von Air bnb als Spielwiese für gierige Privatbesitzer und professionelle Spekulanten, die für Verknappung von Wohnraum sorgen. Air bnb räumt die Häuser leer. Wo bleiben denn die alten Mieter? Also noch mal: Kurzfristige Vermietung ist viel profitabler als ein normales Mietverhältnis. Die Expertin des Mieterschutzbundes mit ihrem betont coolen Gesichtsausdruck – bloß keine Gefühle wecken! – macht mir klar, dass die Gewinnspanne von der Umwandlung einer Mietwohnung in eine Eigentumswohnung immens ist. Im Grunde bin ich eine Modernisierungsverliererin. Das sagt sie nicht, sondern verweist auf diverse Merkblätter im Eingangsbereich des Büros. Draußen ist es sehr heiß. Trotzdem will ich zu Fuß gehen. Auf dem Nachhauseweg flüchte ich in den Hauptfriedhof mit seiner kühlenden

Friedhofsluft. Wie so oft besuche ich das Grab meiner Mutter. In ihrer nächsten Nähe gibt es sicher noch ein Plätzchen für mich. Wird der Hauptfriedhof meine letzte Wohnstadt? Oder hat der Immobilienspezialist auch schon Teile des Hauptfriedhofs aufgekauft? Zumindest kann ich mich hier problemlos für zwanzig Jahre oder länger einmieten. Auf dem Nachhauseweg überquere ich die Adickesallee, wohl eine der am stärksten befahrenen Straßen in Frankfurt. Das macht aber der Deutschen Nationalbibliothek nichts aus. In ihren mehrgeschossigen Magazinen unter der Erde lagern bei 18 Grad und 50 Prozent Luftfeuchtigkeit mehr als 30 Millionen Medienträger, also fast alle Bücher der Bundesrepublik Deutschland. Das ist beruhigend. Ich will dieser Bibliothek einen Teil meines Nachlasses anvertrauen. Schon nach wenigen Minuten komme ich auf meinem Heimweg an der Epiphaniaskirche vorbei, deren Vorgängerbau 1944 durch eine Brandbombe bis auf wenige Mauern zerstört worden ist. Nach dem Krieg gehörte die Ruine zum amerikanischen Sperrgebiet. Auf den Trümmern der früheren Immanuelskirche wurde sie von der Gemeinde wieder aufgebaut. Wegen der parallel versetzten Fenster auf dem Stahlbetongerippe heißt sie im Volksmund Ziehharmonikakirche. Auch drei Glocken hat man neu gegossen. Auf der größten Glocke mit dem Schlagton f, die ich bis in meine Wohnung hinein hören kann, steht laut Information eines Gemeindemitglieds die Inschrift: »Ein feste Burg ist unser Gott«. Im Nachbarhaus auf der Holzhausenstraße residiert ein legendärer Verlag, der öfter seinen Namen wechselte und seinen jetzigen geheimnisvollen Namen »Stroemfeld« direkt von Hölderlin nahm. Das ist nur folgerichtig, denn der Verlag hat ja die erste historisch-kritische Hölderlinausgabe herausgewuchtet; zwanzig Bände mit abgedruckten Faksimiles und Umschriften, damit auch Hölderlins Handschrift gelesen werden kann.

Leser müssen aufpassen, dass sie sich in den Textbewegungen nicht verirren. Die Handschrift führt ins Herz von Hölderlins Sprache. Das sind Maßstäbe, die mir fast den Atem rauben, zumal das gleiche Verfahren auch auf Kafka und Kleist angewendet worden ist. Jetzt musste der Verlag Insolvenz anmelden.

Dass alles immer schlimmer wird, mag ich gar nicht mehr sagen. Ich kann aber nicht anders. Ich sitze in meiner Mietwohnung, die vielleicht schon bald nicht mehr meine Mietwohnung ist. Latente Angst macht mürbe, sagt sogar Robert Habeck von den GRÜNEN. Immerhin kritisiert er die Spekulation mit Wohnraum und das Umgehen der Grunderwerbssteuer, weil der Investor sozusagen nur Anteile über eine Gesellschaft kauft. Er spricht davon, dass Wohnungen hin und her getrieben werden, und will sich dafür einsetzen, dass der Mietspiegel anders definiert wird, denn der Verstoß gegen die Mietpreisbremse wird nicht bestraft, funktioniert also überhaupt nicht. Die Modernisierungsumlagen müssten gekippt werden. Nur wann? Und außerdem legt er den Finger in die Wunde Horst Seehofer, der als Minister des Inneren nur mit Asyl und innerer Sicherheit beschäftigt ist, aber eigentlich auch für Bau und Wohnen zuständig wäre.

Schon wieder habe ich beim Blick auf die Lersnerstraße ein paar Häuser weiter einen Umzugswagen gesehen. Der ist real. Und das Gelerch vor dem Haus auch. Da kommt keine Freude auf. Aber wenn ich schreibe, weitet sich mein Kopf. Ich wundere mich immer wieder darüber, was ein inneres Auge, sozusagen ein Schreibauge, alles gleichzeitig sehen kann. Das ist meine Freiheit, die sich durch die Realität eines Umzugswagens nicht irritieren lassen will. Tagträumereien kann ich mir immer noch leisten, doch ich muss auf der Hut sein. Alles net bös gemeint. Worauf ruhen fiebrige Spekulantenaugen? Mein Lebensgefühl engt sich ein, meine Seele ist noch nicht robust genug. Trotzdem will ich jetzt den ganzen Monat Juli an meinem Manuskript weiterschreiben. Die Schreibreise führt bis nach Amerika und somit weit weg von der Wohnproblematik. In der Ferienzeit ist das Frankfurter Nordend am schönsten. Es gibt weniger Lärm, so viele Leute sind im Urlaub, und dafür müssen sie logischerweise auch ihr Viertel verlassen. Deutsche Reiseweltmeister. Im Monat Juni, so informiert uns *Fraport*, wurden zehn Prozent mehr Fluggäste als im letzten Jahr registriert. Einsteigen. Umsteigen. Aussteigen. Überall Rekorde. Schon bald wieder ein Hitzerekord in Hessen. Die Daheimgebliebenen gießen Gärten von Nachbarn, führen Hunde aus, füttern Hamster und Katzen oder liefern die Tiere gleich in den Tierheimen ab, schauen nach der Post. Baugeräusche und Baukrach von vis-à-vis nehmen endlich ab, das tut dem Leben in meinem Kopf gut. Manchmal abends ein Spaziergang durch den Holzhausenpark, aber selten durch die Kastanienallee, die den Hundehaltern und ihren Lieblingen gehört. Ich treffe einen Bekannten, der mir erzählt, dass es geradezu eine Auswanderungswelle von Nordendmietern ins billigere Ostend gibt. Keine Erdbeerzeit mehr, aber mein Lieblingsgast bringt mir auch Himbeeren, die ja sehr kostbar geworden sind. Jede Himbeere ein kleines Vermögen, jede Himbeere abgezählt in einer kleinen Plastikschale.

Jetzt, mitten im Juli, haben Mitarbeiter des Investors angefangen, Wohnungen im Haus zu besichtigen. Es waren bisher sehr flüchtige Besichtigungen. Sie sprachen ganz nebenbei davon, dass weiterverkauft werden soll. Und ganz nebenbei gab es noch mehr kostenlose Informationen: Für die Parterrewohnung mit etwa 80 qm zum Beispiel würden 800 000 Euro sicher nicht reichen; das sagten sie zu unserer türkischen Mieterin, die den Hinterhofgarten so phantasievoll pflegt. Man habe aber ein Vorkaufsrecht. Auch Millionäre schauen bei dieser Preissteigerung allmählich dumm aus der Wäsche. In ein paar Tagen habe ich den Besichtigungstermin. Die Wohnung hin und her treiben. Filetieren. Monetarisieren. Net bös gemeint. Schwer zu beschreibende Gefühle in diesem inzwischen heißen Sommer. Flüstern im Treppenhaus. Mieterinnen und Mieter, die bisher nur oberflächlichen Kontakt hatten, sprechen miteinander. Wie froh bin ich, dass ich mit Menschen zusammenwohne, bei denen nicht jeden Tag das Online-Kaufhaus Amazon zu Gast ist und sich die Päckchen und Pakete auf der Treppe stapeln. Geht noch alles seinen gewohnten Gang? Ich bin doch keine Pflanze, die man so nebenbei umtopfen kann und ich muss aufpassen, dass ich kein Eigentor schieße, wenn die Besichtiger kommen. Spannung, Druck, Zorn. Alles besser als Apathie. Kein Angst haben oder sogar Angst hinunterschlucken. Leben im Ungewissen. Gefasst sein. Disziplin allein genügt aber auch nicht. Was ist mit der Linde? Warum sind ihre Blätter, die in meinen Wintergarten hereinwehen, klebrig, und warum fallen sie herunter? Ein Pilz? Der Gärtner meint, die Linde sei nicht wirklich krank. Schön, dass sie nicht prophylaktisch schon mal umgehauen wird. Die Zeit scheint stillzustehen. Hoffentlich dauert der Sommer noch recht lang. Ein Sommer, über dem eine merkwürdige Melancholie liegt, als würde viel zu Ende gehen. Mir kommt der Vierzeiler HOFFNUNGSVOLLE MELANCHOLIE von Matthias Beltz in den Sinn:

»Es schmerzt die Stadt, es quält das Wetter,
Darum ist mancher Mensch so sauer.
Wär er woanders, denkt er, hätt er
gar keinen Grund zu solcher Trauer.«

Heute wird meine Wohnung von zwei mir unbekannten Mitarbeitern des Immobilienspezialisten besichtigt. Ich habe kein Recht, sie nicht hereinzulassen, ich kann kein Stoppschild aufstellen.

Die zwei Mitarbeiter waren durchtrainiert freundlich und verhielten sich so, als wollte der neue Besitzer das denkmalgeschützte Haus behandeln wie ein rohes Ei, damit es keinen Schaden leidet. Weder abgehalftert noch zwielichtig wirkten sie, waren aber doch Darsteller einer oft gespielten Schmierenkomödie. Sie warfen nur flüchtige Blicke in meine Räume, denn für eine richtige Beurteilung der Wohnung sei sowieso ein Architekt zuständig, der gerade seiner Arbeit bei einem anderen Besichtigungstermin nachgehe, sagten sie. Im Übrigen sei heute inzwischen ja alles digital. Auf meine Frage, was der neue Besitzer mit der Wohnung planen würde, antworteten sie fröhlich, dass sie meine Wohnung wie auch alle anderen Wohnungen als Eigentumswohnungen weiter verkaufen würden. Aber nicht sofort. Zuerst kämen höchstwahrscheinlich Modernisierungsarbeiten. Denn Gewinnmaximierung gibt es nur nach Modernisierungsmaßnahmen. Das sagten sie natürlich nicht, aber dieser Gedanke, ihr einziger Gedanke, schwang immer mit. Zeitlich legten sie sich nicht fest. Und dann sprachen sie über die Möglichkeit, in den Lichthof einen Aufzug einzubauen oder Decken in den Lichthof einzuziehen, damit man die Wohnungen erweitern könne. Groß genug sei er ja, der Lichthof. Aber sie wüssten jedoch noch nichts Genaues. Bevor also die neuen Eigentümer auch rechtlich die neuen Eigentümer sein würden, müssten natürlich die Umbauarbeiten erledigt werden, und das ginge ja meistens ruckzuck. Mir stünde natürlich auch ein Vorkaufsrecht zu, die neue Eigentümerin zu werden; bei der Premiumlage dieses Hauses würde sich der Verkauf fast automatisch ergeben. Wie man eine vergiftete Schachtel Pralinen herschenkt, so wollten sie mir die Möglichkeit schenken, mich mit ihrer Hilfe von einer Mieterin in eine Eigentümerin zu verwandeln. Ein anderer Eigentümer ließe sich allerdings auch sofort finden, besonders in dieser Lage. Diese möglichen Eigentümer hätten natürlich vor dem Kauf das Recht, meine Wohnung zu besichtigen. »Wie viele möglichen Eigentümer haben dieses Recht?«, fragte ich, »vielleicht hundert?« »So viele werden es wahrscheinlich nicht sein, da wird schneller zugegriffen, als Sie denken können«, sagten sie lachend, aber man könne auf jeden Fall einen Besichtigungstermin auch mit mehreren Interessenten gleichzeitig organisieren. Ich werde eine Art Museumsführerin in meiner Wohnung für viele Interessenten sein, die nun einmal das Besichtigungsrecht auf ihrer Seite haben. Der mögliche neue Eigentümer könne dann Eigenbedarf für seine neue Wohnung, in der ich noch wohne, anmelden: »Aber nur keine Panik, erst nach ein paar Jahren müssen Sie wahrscheinlich wirklich ausziehen.« Für die Übergangszeiten gibt es natürlich eine Verwaltung, die sich angeblich um die Belange des Hauses kümmert. Sichtlich irritiert von den vielen Büchern, die sie auch in anderen Wohnungen des Hauses gesehen hatten, gingen sie in den frühen Abend hinaus. Der Schrecken blieb zurück. Der Schrecken vor den banalen Tatsachen ihrer Sätze. Der Immobilienspezialist wird also in nicht absehbarer Zeit nach dem Prinzip des wuchernden Immobiliengeschäfts kein Eigentümer unseres Hauses mehr sein. Aber vorher soll Zeit vergehen, dann greift die Gewinnmaximierung nach Marktlage durch den Weiterverkauf erst richtig. Möglicherweise wird gar nicht so schnell ein neuer Eigentümer vor der Tür stehen, denn das Hinauszögern bringt fette Gewinne. Ich will trotzdem nicht darüber nachdenken, wer der neue Eigentümer sein könnte. Der neue Eigentümer. Vielleicht will er gar nicht hier wohnen. Das Prinzip der Gewinnmaximierung über die Möglichkeit der Kurzzeitvermietung an

Touristen verbindet sich ja aufs Schönste mit der Gier, und der neue Eigentümer wird doch nicht so blöd sein, einen Langzeitmieter hereinzulassen. Bei Langzeitvermietungen kann man einfach nicht genug abkassieren. Auch ich bin ja schon viel zu lange Langzeitmieterin mit einer heute geradezu lächerlichen Ortstreue. Touristen bringen so viel mehr Geld. Noch dazu in dieser Premiumlage. Und dann gibt es ja auch die Verbindung zu Air bnb, mit der Werbung: »Willkommen zu Hause«. Wenn ich also später aus meiner Wohnung zusammen mit meiner inzwischen immer robuster werdenden Seele hinausgedrängt worden bin, kann ich ja, wenn ich Heimweh bekomme, über Air bnb ein paar Tage wieder meine alte Wohnung mieten, falls ich da noch lebe. Wenn das kein Trost ist. Meine Zukunft habe ich mir so nicht vorgestellt. Wann soll ich wo hin? Welcher ältere Mensch findet schon eine Mietwohnung? Fürs Auswandern bin ich zu alt, obwohl mich meine amerikanischen Verwandten gerne aufnehmen würden. Muss ich mich demnächst entschuldigen, dass ich hier wohne? Oder weil ich noch lebe?

Der bizarre Besuch der Mitarbeiter des Investors hat mich über einiges nachdenken lassen. Die Ortsbeiratssitzung kam mir wieder in den Sinn und die Frage nach dem Milieuschutz. Das Nordend hat ja bisher keinen Milieuschutz. Aber irgendwie lag es in der Luft, dass die Politiker diesen Milieuschutz, der schon seit Jahren Thema ist, jetzt auch für das Nordend ins Auge fassen könnten. Zumindest würden dann Modernisierungen, die nur der Gewinnmaximierung dienen, etwas schwieriger. Wäre das ein Ausweg? Unser Mitbewohner aus dem vierten Stock will an den Oberbürgermeister einen Brief schreiben, weil diesem das Wohl der Mieterinnen und Mieter doch so sehr am oberbürgermeisterlichen Herzen liegt und er sich außerdem mit der städtischen Seele auskennt.

Die Zeit vom 24. Juli bis 23. August nennt man auch Hundstage. Mit Hunden hat das Wort aber gar nichts zu tun. Die Griechen brachten Sirius, den Hundestern, mit der Sommerhitze in Verbindung. Es wird jetzt in der Stadt jeden Tag heißer. Wäre es da nicht ratsam, endlich Touristin, noch besser sogar: Berufstouristin zu werden? Man muss ja nicht gleich an die Mallorcahölle denken, das Schlaraffenland von Air bnb. In Palma steht ein Schild: »Tourist/your luxury trip/my daily misery.« Im *Weltspiegel* gab es einen Filmbeitrag über die Touristenströme in Griechenland, besonders auf den Kykladen. Alle Inseln überrannt. Aber das ist nur ein Beispiel von vielen. Zu voll gibt es nicht. Der Massentourismus, inzwischen einer der weltweit größten Wirtschaftsfaktoren, intensiviert sich. Frankfurt ist zwar im Moment heiß und schwül, aber zumindest das Nordend wirkt leerer als sonst. Weniger Autos. Keine Touristengruppen, die sich durch die Straßen quälen oder unter meinen Fenstern vorbeischieben, das ist auch eine Art Luxus. Es wird auf den Touristenwegen in der Innenstadt zwar immer unerträglicher, aber noch droht Frankfurt kein Touristenkollaps.

Die Wohnungsfresser sind nähergerückt, reißen schon das Maul auf in ihrem Revier. Zweckentfremdung wird vernebelt. Trotzdem will ich mich nicht irritieren lassen. Noch gehört meine Wohnung zu meiner Identität. Ich beruhige mich beim Schreiben. Doch die Katastrophenmeldungen häufen sich. Was erfährt man alles an einem Tag über die große, zerstörte und doch so schöne Welt? Nur einen Bruchteil. Karl Valentin sagte, dass an jedem Tag so viel passiert, wie in der Zeitung steht. Und worauf konzentrieren sich heute, am 24. Juli, die Medien? Natürlich aufs Wetter. *Hallo Hessen* spricht vom Sommer im Klimawandeltrend, von einem Juli, der jetzt schon weit über den Vergleichswerten liegt, von tropischen Luftmassen, die Temperaturen über 30 Grad verursachen. Ein Rekord jagt den anderen. Grillverbot für Frankfurt und ganz Hessen. Nur wohin mit den Millionen Billigwürsten? Es brennt an allen Ecken und Enden in der Welt, in Schweden, in Griechenland, aber das hat alles scheinbar nichts mit dem Klimawandel zu tun. Die Luft lädt sich immer schneller auf. Ich beziehe mich ungern auf Statistiken, aber in Deutschland soll es 48 Millionen Autos geben, Tendenz steigend. Das Wasser im Bodensee sinkt, und hoffentlich wird auf Deutschlands größter Wasserstraße der Schiffsverkehr nicht eingestellt werden. Wohin im Ernstfall mit den Waren? Natürlich auf die Autobahnen, auf denen aber wegen der hohen Temperaturen schon Hitzeschäden registriert wurden. Probleme mit dem Weinbau in Rheinhessen kündigen sich an, Winzer klagen über zu trockene Böden, zu viel Sonne und Schädlinge. Trotzdem ist unser Riesling Gott sei Dank noch nicht in Gefahr, im Gegenteil, sogar Weine mit hohem Alkoholgehalt wird es geben. Am Rande dieser Mitteilungen werden noch schnell zwei angezündete Obdachlose aus Berlin erwähnt. Ich habe meine Sonnenschutzrollos heruntergelassen, doch es fällt noch Licht durch die Spalten der Lamellen in die Wohnung. Manchmal sehne ich mich nach Wiesen und Wäldern. »Geh aus mein Herz und suche Freud in dieser schönen Sommerzeit ...« Aus dem Haus vis-à-vis Staubwolken vom Steinesägen.

Jeden Tag gibt es Berichte über die immer weiter wuchernde Gruppe der Investoren und den Renditewahnsinn. Ich bin in diesen wuchernden Prozess geraten. Die Realisierung ihrer intensiven Wünsche ist weltweit sichtbar. Die Branche spricht von volatilen Immobilienpreisen, o Schreck, die sind also sprunghaft und verdunsten. Die kleinen Mieterkörperchen in den Wohnungen stören. Sanieren, wo nichts zu sanieren ist. Bagger reißen ein, klopfen zusammen, helfen vertreiben. Endlich kann man Häuser filetieren und in neue gewinnbringende Segmente aufteilen. Filetieren. Alles doch bös gemeint. Formen lösen sich auf. Was ist da noch menschlich? Meine kleine Geschichte spielt sich überall ab. Ich habe schon lange begriffen, dass ich in meiner Mietwohnung ganz unmittelbar mit dem politischen Wandel verknüpft bin. Auch Lebensstile ändern sich. Ich und das Nordend, ich und die Stadt, ich und der Staat, ich und die Gesetze. Ich und der Ausweg. Durch mein Schreiben werde ich zum Medium eines öffentlichen Problems. Von meinen vier Wänden aus schaue ich in die Probleme hinein. Meine Bücher sind auch da.

Der Wetterbericht spricht von einem Ausnahmesommer, von ungewöhnlicher Wärme, ein Biologe doziert über die Stresstoleranz der Pflanzen. Jetzt wird es ernst. Fische sterben bei 27 Grad. Sonnenbrandgefahr bei Kühen. Die Linde vor meinem Wintergarten verliert ihr Laub. Immer seltener gutes kühles Wasser. Die Überhitzung über zwei Grad wird höchstwahrscheinlich in näherer Zukunft erreicht werden, sagt Harald Lesch, dann haben wir wirklich kein prima Klima mehr, sondern echte Katastrophen. Aber noch nicht gleich. Auch die Gletscher der Ostantarktis tauen. Die Zerstörung der Natur ist ein Wesensmerkmal kapitalistischer Machenschaften, aber das darf man nicht sagen. Es wird immer noch, wie auch in wichtigen anderen Bereichen, drum herumgeredet. Kiribati versinkt im Meer. Eigentlich ist die ökologische Bewegung fleißig, doch der Kohlendioxydgehalt der Luft steigt. Ist der unabdingbare Beweis für den Klimawandel endlich erbracht, wenn wir alle tot sind?

Was sich so alles gleichzeitig ereignet. In den Medien wird in den letzten Tagen des Monats dauernd in Simulationen über die nahende totale Mondfinsternis, ein absolut herausragendes Ereignis für das 21. Jahrhundert, berichtet. Auch ich will das größte astronomische Ereignis unserer Zeit nicht versäumen, wenn der Trabant durch den Kernschatten der Erde wandert. Kupferrot soll er leuchten, seit Tagen werden wir auf den *BLUTMOND* eingeschworen. Weil sternenklarer Himmel vorausgesagt ist, verabrede ich mich mit meinen Freunden, das Spektakel auf Frankfurts Hausberg, dem Lohrberg, anzusehn, denn dort ist ja die freie Sicht auf den südlichen Horizont am besten. Früher fuhren wir oft mit Fahrrädern an Streuobstwiesen vorbei auf den Lohrberg, der zwischen Seckbach und Bergen-Enkheim liegt. Ich erinnere mich an romantische Spaziergänge im denkmalgeschützten Park und einen Panoramablick auf die Stadt. Naherholung. Was ich jetzt aber erlebe, hat meine Ahnung vor einem Massenandrang auf Frankfurts Hausberg weit in den Schatten gestellt. Menschentrauben auf der Brücke über der Friedberger Landstraße. Das Verkehrschaos auf dem Bergerweg erinnerte mich an Godards Film *Weekend*. An den Fahrbahnrändern wildes Parken und Müll. Wohin nur mit den Blechkisten. Seckbacher Felder zugeparkt, Fahrzeuge auf Obstwiesen. Auf der Fahrbahn millimeterweises Vorwärtsdrängen von Autos, Rädern und Fußgängern. Stress pur. Ich wollte nur noch weg, aber es ging nicht mehr. Auch wir wichen auf ausgedörrte Wiesen in Richtung Kleingartenanlagen aus und kamen schneller voran als die Autos, die nicht einmal mehr im Schritttempo fuhren, ihre Motoren aber trotzdem nicht abstellten und uns einnebelten. Doch als geduldige und fast schon verzweifelte Fußgängerin stand ich nach etwa einer Stunde Fußweg um 22 Uhr auf dem völlig überfüllten Lohrberg. Die ausgebaute Lohrbergschänke war grell erleuchtet. Wir suchten am Himmel den *BLUTMOND*. Tausende blitzender Smartphones wurden über den Köpfen der Besucher andächtig hochgehalten; all diese Smartphones, auf denen mittels App die Mondposition angezeigt wurde. Das kupferrote Jahrhundertspektakel blieb jedoch aus, durch den Dunst war der Mond nur zu erahnen. Die Medien verkaufen eben immer das, was am besten geht. Ja, Glück muss man haben mit dem Wetter und den Wolkenformationen. Später sollen die Ausharrenden den *BLUTMOND* dann doch noch richtig auf ihr Smartphone bekommen haben, aber da waren wir schon auf dem Heimweg, wir wollten ja nicht in der Masse festsitzen. Naherholungsgebiet, ade. Was hat mich nur auf den Lohrberg getrieben? Sicher ein Rest Neugierde. Vielleicht war es nur das Wort *BLUTMOND*. Für meinen Verstand hätte das Fernsehbild genügt. Ich wollte trotz aller astronomischer Erklärungen im Fernsehen den *BLUTMOND* mit meinen eigenen Augen betrachten, habe aber nur eine blasse rötliche Scheibe hinter Dunst gesehen. Nichts, um zu staunen. Heute stand dann in der Zeitung ein kleiner Kommentar über die rücksichtslosen Mondgucker, die einfach ihre Autos auf den Straßen stehen ließen und alles zuparkten. Und über die Polizei, die auch da war, dem Treiben zusah, aber keine Strafzettel verteilte.

Die Hitzewelle rollt weiter. Es brennt an immer noch mehr Stellen, auch in Hessens Wäldern, aber überall brennt es noch nicht. Wetterkrisenherde. Vorschläge für den Katastrophenschutz: Löschflugzeuge, medizinisches Personal, Wasserpumpen ... Ich hätte noch vor kurzem nie gedacht, dass das Wetter und seine Bedeutung so sehr in den Mittelpunkt meines Interesses rutschen könnten. Die Ermüdung des Planeten. Wir verbrauchen nicht eine, sondern drei Erden pro Jahr. Das Wasser ist schon wieder wärmer. Wie lange kann man noch vom ökologischen Kollabieren wegsehen? Überall Indizien. Überall Wirklichkeitsverlust. Wenn ich das Haus betrete, verharre ich immer etwas länger auf dem Treppenvorplatz, weil es dort noch angenehm kühl ist. Ein Haus, für die Bedürfnisse der Menschen gebaut. Auch in meinen vier Wänden kann ich es noch gut aushalten. Wenn das keine Privilegien sind! Nur der verglaste, grün schimmernde Wintergarten lädt sich immer mehr auf. Der Ventilator meiner Mutter steht auf dem Schreibtisch, ein leises Lüftchen weht mir ins Gesicht. Ich bin froh, dass ich nicht zu den vielen festsitzenden Passagieren auf dem Münchner Flughafen gehöre, die alle mitten in der Hauptreisewelle nicht vom Fleck kommen. Wenn ich von Zimmer zu Zimmer gehe, bin ich dankbar. Wem eigentlich? Ich muss nicht fliehen. Und plötzlich eine Mücke in meinem Schlafzimmer. Ich nehme sie fast schon liebevoll wahr. Die neuen Eigentümer sind im Moment nur Phantome. Eine Verdrängung aus meiner Wohnung, eine absurde Wohnungssuche, all das gehört zu einem möglichen Prozess. Nein nicht wie bei Kafka. Mich hat ja schließlich niemand verleumdet, und es stand auch kein fremder Mann plötzlich morgens in meinem Zimmer – eine Art Wächter einer mir unbekannten Institution. Nein, der Wächter in Kafkas »Process« meldete sich nicht einmal bei Josef K. an und vor seiner Schlafzimmertür stand noch ein anderer fremder Mann, der Josef K. überwachen sollte. Josef K. konnte kaum glauben, was ihm da früh am Morgen geschah. »Was waren denn das für Menschen ... Welcher Behörde gehörten sie an? K. lebte doch in einem Rechtsstaat, überall herrschte Friede, alle Gesetze bestanden aufrecht, wer wagte ihn in seiner Wohnung zu überfallen.« Immer wieder lese ich diese Zeilen aus Kafkas »Process«. Meine Situation ist anders. Der Investor hat sich sogar für einen Besichtigungstermin in meiner Wohnung angemeldet. Die beiden Mitarbeiter – bei Kafka heißen sie »niedrige Angestellte« – schnüffelten auch nicht herum oder aßen mein Frühstück auf. Sie waren höflich, ja geradezu freundlich in ihren ungenauen Äußerungen, doch ihr Urteil stand natürlich schon vor dem Besichtigungstermin fest. Ich bin als alte Mieterin einfach schuldig für sie, da ich schon so lange in dieser Wohnung lebe. Diesen Schuh will ich mir aber nicht anziehen, man weiß ja, was Josef K. passiert ist, weil er sich im Laufe seines »Processes« immer schuldiger fühlte, obwohl er schuldlos war. Und ich will mich auch nicht wie Josef K. durch einen unfähigen Rechtsanwalt peinigen lassen, der meine Sache nicht vertreten kann. Es soll gute Rechtsanwälte geben. Also wie bei Ärzten den Richtigen finden.

Es bricht einfach zur Zeit einiges zusammen. Viele Politiker kaschieren, wie weit sie die katastrophalen Entwicklungen mitverursacht haben, sonst sind ihre Karrieren mit den Nebeneinkünften nämlich gefährdet. Immer häufiger wird über so vieles drum herumgeredet, nicht nur beim Wohnungsmangel. Vernunft und Aufklärung, was ist das? In unkontrollierbaren Apparaten sind sie unauffindbar. Unsere Wetterexperten versuchen auch zu beruhigen. Das Wort Klimawandel darf gerade jetzt nicht in den Mund genommen werden. Dieses Wort löst ein Unlustgefühl aus. Oder das Wort Sauerstoffmangel oder Dürre. Oder Feuer. Oder Wassermangel. Oder Ozon. Oder Feinstaub. Oder Mikroplastik. Oder gar Klimakatastrophe. Tote Fische werden in Müllverbrennungsanlagen entsorgt. Wir hier in Frankfurt haben doch noch keinen richtigen Wassermangel. Zwar sollte der Wasserverbrauch eingeschränkt werden, aber ein Teil unseres Trinkwassers kommt ja aus dem Ried und aus dem Vogelsberg. Der Bürgermeister von Ulrichstein teilt jedoch mit, dass die Wasservorräte für Ulrichstein schon mit Tankwagen aufgefüllt werden müssen, da sonst die Ulrichsteiner Bevölkerung kein Wasser mehr hat. Aus den etwas tiefer gelegenen Brunnen fließt das Vogelsbergwasser indes munter weiter nach Frankfurt.

Heute soll es noch heißer werden als gestern. Wenn es so weitergeht, hänge ich ein nasses Leintuch auf. Die Linde im Hinterhof wirft immer mehr Blätter ab. Viele Stadtwerke weisen darauf hin, dass die Trinkwasserversorgung am Rand der Leistungsfähigkeit ist. Was ist mit dem Wassermanagement? Es müsste längst zum Einsatz kommen. Die FAZ titelt: »Angst vor dem Jahrtausendsommer«. Auch Äpfel können einen Sonnenbrand bekommen. Jetzt, da die Ernte verdorrt, verkündet Ministerin Klöckner, dass sie die Agrarindustrie, deren Prinzip die ökologische Verantwortungslosigkeit ist, »nicht im Regen stehen lassen« will. Auch nicht Konzerne, die Mais für Biogasanlagen anbauen. Überhaupt: Geld für die Verursacher, denn der Kapitalismus denkt nicht an die Umwelt, wohl aber an die Ausbreitung seiner Territorien. Mein Wasserhäuschenphilosoph sagt: »Wie lang könne die da obbe de Rahm abschöpfe, wenn unne alles ausdrocknet?« Gibt es denn keine guten Nachrichten mehr? Kaum. Apple macht im abgelaufenen Quartal einen Umsatzsprung von 17 Prozent. Das iPhone ist das bisher erfolgreichste Produkt des Jahrtausends, und ich bin bei dieser großen Familie mit dabei! Eine wirklich ungewöhnliche Nachricht möchte ich nicht vergessen. Sahra Wagenknecht will eine neue Bewegung mit dem Namen »Aufstehen« gründen. Tut sich endlich etwas, was die Parteien wachrüttelt? Eine Sammlungsbewegung? Inzwischen müsste auch der Sozialstaat aufstehen, denn die Zahl der Sozialwohnungen in Deutschland bewegt sich immer weiter in eine Negativspirale hinein. Ist es in den Hirnen angekommen, dass soziale Ungleichheit an den Wurzeln der Demokratie nagt? Was ist schon der Staat? Peter Sloterdijk meint, der Staat ist »die zentrale Agentur für Zusammenbruchsverzögerung«. Sahra Wagenknecht dagegen will zuversichtig sein. Aufstehen, das heißt vielleicht eine Art »Hotspot« für Widerstand, der aber erst einmal als Sammlungsbewegung real wachsen müsste. Online kann nicht genügen. Hoffentlich ist die Sammlungsbewegung keine Totgeburt.

Das Nordend als Hitzeinsel, das Thermometer zeigt einen Spitzenwert von 37,1 Grad. Wie kann ich mich herunterkühlen? Und wir haben erst Anfang August. Apropos August. Der von Global Footprint erforschte Erdüberlastungstag fällt in diesem Jahr auf den 1. August, also so früh wie nie zuvor. Man spricht von Öko-Pump. Und Nestlé freut sich über die Möglichkeit, immer mehr Wasser in Plastikflaschen zu vermarkten, weil es immer weniger Trinkwasser gibt. Kaum zu glauben, das Wort Wirtschaftswachstum wird noch so benutzt, als sei es ein neutrales Wort. Anrüchige Gewinne dank pathologischer Überproduktion. Der Klimaforscher Hans Joachim Schellnhuber sagt: »Das Weltklima ist dabei, aus den Fugen zu geraten«, und der Astronaut Alexander Gerst schickt schockierende Dürrelandschaftsphotos von Mitteleuropa und Deutschland aus dem All. All diese vielen braunen Stellen. Was man alles jetzt verliert: gutes Wasser, Sauerstoff, Bäume, Wohnungen. Überall dicke Luft und weicher Asphalt. Ich starre auf die dunkelrot gefärbte Wetterkarte. Auch dem Main geht der Sauerstoff aus. Ich sehe immer mehr SUVs im Nordend. Es wurden noch nie so viele Autos in Deutschland wie in diesem Jahr verkauft. Wissenschaftler sprechen vom kippenden Erdsystem, das heißt: immer mehr CO_2, immer mehr Methan, also erderwärmende Gase. Ich möchte gar nichts über das Auftauen der Permafrostböden in Russland und stinkende Gaswolken wissen. Es gibt jetzt einen neuen Begriff: »Heißzeit«. Der Planet heizt sich auf, auch meine Wohnung. Wie kann ich meine Wohnung kühlen und vor dem Immobilienspezialisten in Schutz nehmen?

SPD-Mitglieder sind zur Zeit in Frankfurt und Hessen unterwegs. Andrea Nahles und Thorsten Schäfer-Gümbel reisen durch Hessen, und dann soll demnächst sogar die Bundestagsabgeordnete Ulli Nissen in unser Haus kommen. Den Kontakt hat unser Mieter aus dem vierten Stock hergestellt. Die SPD will das Thema Wohnen in den Mittelpunkt ihres Wahlkampfs im September rücken. Das

Hessische Polizeipräsidium hat sein Eigentum für 210 Millionen Euro an einen Investor verkauft, der Luxuswohnungen mit Hilfe von Krediten bauen will; das gefällt dem Oppositionsführer der SPD auch nicht, aber ... es ist eben passiert. Also alles wie immer.

Wir gießen jeden Tag die Linde mit ihren herzförmigen Blättern. Dürfen wir das überhaupt noch? Das Trinkwasser wird knapper. Kelkheim, Köngstein und Kronberg haben Wassernot. Die Stadt bastelt an immer mehr Ideen, wie man dem Klimawandel begegnen soll. Zum Beispiel neue Baumsorten pflanzen, die nicht so viel Wasser brauchen. Aha. Kleine grüne Inseln statt zubetonierter Plätze und Steingärten, künstliche Seen, Brunnen, Dachgärten, weiße Hausfassaden, es gibt ja viele Möglichkeiten. Die Stadtplaner schlafen nicht. Im Planungsdezernat spricht man von all dem aber reichlich spät. Und dann gibt es weitere Probleme. Das geplante Innovationsquartier im Nordend stößt auf Widerstand der Bürgerinitiative *Grüne Lunge*, die ihren Baumbestand und die Freizeitgärten behalten will. Wir brauchen doch dringend kühle Luft aus der Frischluftschneise, um die Hitze im Zentrum zu verringern. Aber wir brauchen auch dringend neue Wohnungen, aber bitte bezahlbare Wohnungen.

Ich kann es nicht anders sagen als mit dem Wort, das in der Zeitung steht: Extremsommer. Noch nie haben die Blätter meiner Blumen Sonnenbrand bekommen. Aber in diesem Jahr verfärben sie sich braun. Ich gieße sie mit dem Wasser meines gereinigten Salats. Ein völliger Blödsinn, darauf zu warten, dass die Bundesregierung wirklich etwas gegen die Klimaerwärmung tut. Oder habe ich etwas übersehen? Irgendeine schlappe Maßnahme wie beim Thema Wohnen? Oder Massentierhaltung? Oder Glyphosat, oder ...? ich will nicht alles herunterbeten. Die Lobbyisten arbeiten im Verborgenen. Lobby Control weist immer wieder darauf hin, dass es keine Informationen über das Kommunikationssystem zwischen Lobbyisten und Politikern gibt. Doch die Nebentätigkeiten vieler Abgeordneter in der Wirtschaft können durchaus Verbindungswege für Lobbyismus sein. Jetzt aber zurück zu meinem Thema. Die SPD in Frankfurt will endlich den Milieuschutz beschließen, der vor Jahren vom damaligen grünen Planungsdezernenten Olaf Cunitz für das Nordend versprochen wurde. Jetzt hoffen wir auf den Baudezernenten Mike Josef von der SPD. Sollen wir wirklich hoffen? Der gemischte Stadtteil Nordend verwandelt sich in Riesenschritten zu einem Luxusstadtteil, man braucht nur an das neue Wohnquartier *Marie* zu denken, das auf dem Gelände des früheren Marienkrankenhauses gebaut wird. Hier entstehen über einhundert Luxuseigentumswohnungen mit einbruchshemmenden Fenstern und Türen, mit Zaun und großen Eingangstoren. Selbstverständlich muss eine Hecke die Luxuswohnungen von der Umgebung abgrenzen, und eine Tiefgarage mit über zweihundert Stellplätzen wird es auch geben. Übrigens beträgt der Quadratmeterpreis schlappe 12 000 Euro oder mehr. Dies berichtet die *Frankfurter Rundschau*. Der Immobilienunternehmer *Instone Real Estate* wirbt für einen »spannungsvolle(n) Dialog aus Alt und Neu, in dessen Mitte sorgsam erdachte Landschaftsräume und Gärten wieder erlebbar werden«. Der Soziologe Richard Sennett warnt vor der Ghettoisierung in den Städten und prangert die Devotheit der Stadtregierungen an. Es ist aber davon auszugehen, dass jetzt immer mehr Luxussegmente eingezäunt werden. Außerdem hat sogar auf dem ehemaligen Degussa-Areal »Frankfurt (einen) goldenen Boden«. Und in den Westendsuiten im Diplomatenpark wird »Leben, wie es sein sollte« angepriesen. Am Offenbacher Hafen sprechen die Entwickler vom »Hochhaus in den Dünen«. Ich könnte ganze Seiten mit derlei nachdenkenswerten Anpreisungen einer schönen neuen Welt füllen.

Nun sind schon wieder zehn Tage im August vorbei. Ein paar Wärmegewitter haben ein bisschen abgekühlt. Das Leben ist ganz schön anstrengend, vor allem, wenn man es in die eigenen Hände nehmen muss. Doch manchmal fahre ich mit meiner Freundin aus der Stadt hinaus und gehe, Paul Gerhardt singend, in der Nähe von Bad Vilbel am Waldrand spazieren.

»Geh aus, mein Herz, und suche Freud
In dieser lieben Sommerzeit
An deines Gottes Gaben;
Schau an der schönen Gärten Zier,
Und siehe, wie sie mir und dir
Sich ausgeschmücket haben.«

Von der Bauaufsicht der Stadt Frankfurt erfuhren wir, dass die für den Kauf des Hauses erforderliche Abgeschlossenheitserklärung noch gar nicht beantragt wurde. Welche Interessen verfolgt der Immobilienspezialist? Für die Pflege unseres Hauses interessiert sich der neue Eigentümer bisher nicht. Wir wollen unser Haus aber weiter pflegen. Dafür brauchen wir einen neuen Putzdienst. Auf die wiederholte Frage, wann denn dieser neue Putzdienst endlich seine Arbeit aufnähme, teilte uns der Objektmanager mit, dieser Dienst sei noch gar nicht organisiert worden, weil die entsprechenden Unterlagen noch nicht vorlägen. Welche Unterlagen? Keine Antwort. Sehr nebulös. Jetzt erfuhren wir vom Grundbuchamt, dass der neue Immobilienspezialist noch gar nicht eingetragen ist. Ich habe gelesen, dass bei der Veräußerung eines Hauses das Eigentum nicht mit dem unterzeichneten Kaufvertrag an den neuen Eigentümer übergeht, sondern mit der sogenannten »Auflassung«. Darunter wird die notarielle Beglaubigung verstanden, auf deren Grundlage eine Aktualisierung oder Eintragung ins Grundbuch erfolgt. Die

Übergabe beziehungsweise Übernahme einer Immobilie ist ausschließlich über diese Schritte rechtskräftig. Es bleibt ein Rätsel, warum der Grundbucheintrag noch nicht erfolgt ist und was das bedeutet.

Aus unserem Briefkontakt mit der SPD und Frau Ulli Nissen, die nun unser Hausproblem kennt, erfolgte am 11. August ein Besuch. Wir trafen mit ihr in der Wohnung eines Mitmieters aus dem vierten Stock zusammen, der mit seinen Freunden nicht nur ein legendäres Café in der Nähe des Merianplatzes managt, sondern auch seit vielen Jahren Marathon läuft. Er wirkt energiegeladen und optimistisch, obwohl er in seinem Café jeden Tag neue Geschichten über Hausverkäufe und die Ohnmacht der Mieterinnen und Mieter hört. Auch Ulli Nissen weiß, dass die Politik nicht nur beim Thema Wohnen handeln müsste. Eigentlich geht es um das Abbremsen des ungezügelten Immobilienwahns, des gierigen Strebens nach Renditen und die Verhinderung sozialer Katastrophen. Doch die SPD-Interessen sind schon lange schwammig, ein Ergebnis der Großen Koalition. Ulli Nissen ahnt, dass sich das Verhältnis zur Basis ändern muss, sonst wird sich die SPD bald auflösen. Ich wünsche es ihr nicht, aber es wird schwierig, vor allem, weil sich die Klientel der SPD aufgespalten hat. Die diffuse Mittelschicht. Wer ist das? Doch wir sprachen nicht über den Zustand der SPD und ihre verkrampften Wünsche nach Erneuerung, sondern über die konkreten Probleme in unserem Mietshaus und was uns demnächst geschehen könnte: noch einmal ein Eigentümerwechsel nach einer sinnlosen Luxusmodernisierung mit sprunghaften Mietsteigerungen, Eigenbedarfskündigungen und schließlich Kurzzeitvermietungen in den verkauften Eigentumswohnungen. Frau Nissen will mit uns Kontakt halten und sogar mit dem Denkmalamt sprechen, wenn sie weiß, was demnächst oder später passieren wird. Wir nicken, wollen Informationen austauschen, aber kein Facebookgequatsche. Frankfurt ist nicht so, wie es die SPD gerne hätte. Aber welche Stadt ist das schon. Die Renditemaschine läuft gut geölt immer weiter. Ich bin inzwischen nur ein unerwünschter Gast in meiner Wohnung, so wie ich überhaupt nur Gast auf Erden bin. Ich möchte allerdings ein guter Gast auf Erden sein. Es nutzt alles nichts, es geht um ethische Fragen und die Tendenz, dass heute viele auf all diejenigen herabsehen, bei denen Moral Teil ihrer Identität ist. Ernsthafte Analysen des Neoliberalismus stoßen automatisch auf die Auswüchse der Immobilienbranche, die oft globalisiert agiert. Das ist natürlich desaströs, weil sich auch gutmeinende Politik nicht mehr auskennt. Wohin fließen die immer weiter anwachsenden, oft kriminellen Geldmengen? Das weiß Frau Nissen auch nicht.

Die Hitze hat nachgelassen. In der Presse wird das Thema Wohnen in den Städten ein Topthema. Gestern sah ich in *Frontal 21* den Bericht über einen Gebäudekomplex an der Lützowstraße in Berlin. Früher wurde dieser Gebäudekomplex mit seinen hundert Wohnungen vom Staat gefördert, jetzt hat eine Investmentgesellschaft das Gebäude, das aus der sozialen Bindung gefallen ist, gekauft, brutal kaputtmodernisiert und die Altmieter drangsaliert. Welche Menschen stecken dahinter? *Frontal 21* hat in anderen Ländern gesucht, aber nur diskrete Buchstabenschildchen an irgendwelchen Häusern gefunden. Der Kontakt mit der global agierenden Investorengruppe war unmöglich. Die Hausverwaltung (wer ist das eigentlich?) schreibt an die Mieter: »Leben heißt Veränderung.« Jeder zweite Wohnungslose in Europa ist ein Deutscher. Wo sollen die Menschen hin? In den neuen, angebotenen Verträgen wird das Kaufen als »Chance« offeriert. Und als Höhepunkt des Zynismus schreibt die Hausverwaltung dieser Investmentgesellschaft über ihre Mieter als »Menschen, die sich auf das Wesentliche konzentrieren wollen«. Also Menschen, die womöglich bald kein Dach mehr über dem Kopf haben und die sich deshalb schämen, weil sie in ihrem Zustand auch die soziale Achtung der anderen verlieren oder nur kurzfristiges Mitleid der Zuschauer auf dem Sofa vor dem Fernseher bekommen. Übrigens kann auch Entrüstung ambivalent sein, versteckt sich dahinter oft die heimliche Zufriedenheit der ganz normalen Immobilienbesitzer darüber, dass im Schlaf ihr Eigentum immer mehr im Wert steigt.

Was bedeutet es, dass die Gebäude- und Freifläche unseres Wohnhauses noch nicht im Grundbuch eingetragen ist, sondern nur ein *Eigentümerübertragungsvorvermerk* für den Immobilienspezialisten, und zwar beglaubigt durch einen Notar bereits im Februar dieses Jahres? Der Mieterschutzverein weiß es auch nicht. Ist da so viel von der Behörde abzuarbeiten, dass das Amt noch nicht dazu kam, den Grundbucheintrag vorzunehmen, oder hat der neue Eigentümer die inzwischen ehemalige Eigentümerin noch nicht ausbezahlt? Vermutungen, die irgendwo im Interpretationsnebel hängen bleiben. Also wieder einmal abwarten. In vier Wochen wollen wir noch einmal Einsicht ins Grundbuch bekommen. Beim Mieterschutzverein heißt es, das komme öfter vor, man kenne sogar Fälle, wo die Grundbucheintragung acht Monate gedauert habe. Verzögerungen jeglicher Art seien gut, meint der Mieterschutzverein, und der muss es ja wissen. Verzögerungen führen aber nicht gerade zu einem behaglichen Zustand. Doch der Alltag hier im Nordend ist angenehmer geworden, nachdem die Hitze nachgelassen hat. Noch bin ich keine ehemalige Mieterin, ich kann sogar in den Räumen, die auch meine Bewusstseinsräume sind, Tag und Nacht herumgehen, wie ich will.

Als ich heute Nacht aufwachte, betrat ich den kleinen Balkon, der zur Lersnerstraße hinausführt, und sah zum nie völlig dunklen Himmel hinauf. Dann beugte ich mich über die Mauerbrüstung. Die ahnungslose Straße mit ihren wissenden Häusern, hinter deren Fassaden auch Geheimnisse schlafen, und die hingetuschten Bäume in den Vorgärten wirkten friedlich in dieser geräuschlosen Augustnacht. Doch plötzlich drängte sich eine Erinnerung auf, an die ich jahrzehntelang nicht mehr gedacht hatte. Vor langer Zeit saß ich als Kind zwischen Tischen und Stühlen in einem dunklen Umzugswagen, eine stumme Zeugin irrwitziger Aktivitäten, wie ich sie vorher nie erlebt hatte. Ich starrte ins Treppenhaus. Da polterte so einiges herunter, zerbrach, wurde weggeschoben, knirschte unter den Schuhen der Umzugsmänner. Meine Großeltern stöhnten und schrien mit letzter Kraft hilflos aus den Fenstern heraus. Sie wollten das Haus nach der Kündigung nicht verlassen, und doch setzte sich der Umzugswagen nach der Zwangsräumung schwankend in Bewegung. Warum half ihnen der liebe Gott nicht, von dem ich bisher immer gedacht hatte, er sei der ältere Bruder meines Großvaters? Nach einem langen Leben mussten sie sich wegen Eigenbedarf herausreißen lassen aus ihren vier Wänden, dem Garten, den Tieren und hausten dann verstört am Rand des Dorfes in einer viel zu kleinen Wohnung, in der man die Möbel nicht mehr richtig stellen konnte. Sie schämten sich und kamen nie darüber hinweg. Plötzlich war ich heute Nacht wieder das Kind von damals mit den gleichen hilflosen Gefühlen der Welt gegenüber und der Panik, nicht mehr ein und aus zu wissen.

Früh am Morgen schreibe ich gern, und manchmal wird Schreiben zum Flanieren. Oft habe ich den Wunsch, weit entfernt von meinem immer weniger geliebten Nordend zu sein. Von draußen dringen schon die gequälten Stimmen der polnischen Arbeiter von vis-à-vis herein. Die Linde hat sich wieder ein wenig erholt. Bücher liegen herum. Ich kann ihnen alle möglichen Fragen stellen. Aus meinem Briefkasten habe ich gestern ein Informationsblatt geholt: »Mietenwahnsinn in Hessen, WIDERSETZEN, gemeinsam gegen Spaltung und Verdrängung – Bezahlbarer Wohnraum für alle! Demo 20. Oktober 2018« ... Ich habe mir den Aufruf an die Wand gepinnt. Mir kommt alles ganz absurd vor. Erst jetzt, in meinem neuen aufgezwungenen Zustand weiß ich, wie sehr ich an meine Zimmer gebunden bin. Es sind keine luftleeren Räume, und ich habe den Schlüssel für sie. Meine Wände ohne Risse stehen da wie immer, und ich will mir gar nicht ausmalen, welche Erschütterungen Risse verursachen könnten. Könnten oder können. Noch habe ich ein Dach über dem Kopf. Grelle Gefahren gibt es überall. Jeden Tag vermehren sie sich ganz automatisch, man braucht nur die Zeitung aufzuschlagen, Katastrophen aller Art werden geradezu akribisch festgehalten. Die Wirklichkeit kommt in mir an. Die Wirklichkeit mit ihren dramatischen Szenerien, von denen die eine Szene in die andere übergeht. Plötzlich betrachte ich alles nicht mehr von außen und muss meine distanzierte Zuschauerinnenrolle aufgeben. Ich war schon seit Jahrzehnten auf keiner Demonstration mehr. Die anderen Mieter wollen auch auf diese Demo gehen, sogar die Frau aus der Parterrewohnung, die Frau mit einem Handicap. Sie ist Bedienstete des Landes Hessen. Ihr passiert das alles schon zum dritten Mal. Sie überlegt sich, ob sie diesmal psychologische Hilfe in Anspruch nehmen soll.

Jetzt ist es nicht mehr so heiß. Ich habe Besuch von Verwandten aus Amerika bekommen und zeige ihnen das Nordend. Wir wollen uns ein wenig in den Holzhausenpark mit seinem Nachmittagslicht setzen, aber da ist Baulärm, der Kinderspielplatz wird gerade erweitert, und außerdem sind die Wiesen braun und wir werden von Wespen verfolgt. Also wieder zurück in die Wohnung. Zeit für Fotoalben. So sah ich also vor zehn oder zwanzig oder dreißig oder vierzig Jahren aus. So sah ich in meiner

Wohnung aus. Wie ich mich verändert habe! Und auch die Wohnung hat sich verändert, ich aber mehr als die Wohnung. Dann wird es richtig ernst. Der gemeinsame Vater sitzt als Erinnerungsphantom mit am Tisch. Er war 1945 ein junger amerikanischer Soldat, einer der Befreier des Konzentrationslagers Dachau. Vom Schock, den die Leichen im Schnee bei ihm ausgelöst haben, hat mir meine Mutter, die nach dem Krieg ein paar Monate seine Geliebte war, erzählt. Meine amerikanische Familie will nicht wirklich wissen, was in Dachau geschah. Für sie ist mein Vater vor allem der charmante Barsänger aus Detroit mit seiner Kennedytolle, ein Soldat, der nach dem Krieg nach Hause wollte. Er kam dann krank aus Bavaria zurück und starb früh. Nur eine verkratzte Schallplatte mit seiner jungen Stimme blieb »lebendig«. Meine Halbgeschwister haben sie auf eine CD hinübergerettet und mir geschenkt. Mein Vater, der 1918, also vor einhundert Jahren geboren worden war. Die Familiengeschichte führt ins Jahr 1912, das Auswanderungsjahr der irischen Großeltern nach Amerika, zurück. Grandma Kathrin Hall wollte unbedingt mit dem Schiff von Southampton nach New York reisen und dann weiter zu ihrem Mann, Grandpa McDonald, der Arbeit bei einem Fordzulieferanten in der Nähe von Detroit gefunden hatte. Aber die Titanic, das größte Schiff der Welt, war einfach vollbesetzt. Kathrin Hall erzählte immer wieder, dass sie, wie viele andere Auswanderer, zurückgestoßen worden sei. Sie hätten geschrien und geweint. Manchmal wird das Überleben durch ein paar Schritte entschieden. In diesem Fall nutzte ihre Armut tatsächlich etwas. Sonst hätte es meinen Vater nicht gegeben. Seine Stimme, so nah und doch so fern. Was sind schon hundert Jahre. Mein Vater, der sich mit nur 37 Jahren aus unserer Welt davongemacht hat. Wir sprachen darüber, dass wir jetzt schon viel älter geworden sind als er. Von heute aus gesehen, könnte mein Vater also mein Sohn sein. Ein seltsames Gefühl, wenn der lineare Zeitablauf durcheinander gerät. »Oh there must be a way cause I can't find the way without you.« Wir lauschen seiner Stimme und es kommt uns beinahe so vor, als hätte der Tote nur auf den Augenblick gewartet, um in meiner Wohnung in der Lersnerstraße unter uns sein zu können.

Am Abend essen wir im Restaurant *La Dolce Vita* am Adlerflychtplatz im Garten. Wir stoßen auf den einhundertsten Geburtstag des Vaters an, den ich nicht kannte und an den sich meine Halbschwester Cheri kaum erinnert. Immerhin gäbe es uns alle ohne ihn nicht. Einhundert Jahre. Er hätte sicher gerne noch länger in einer Detroiter Bar gesungen. Unser Vater mit dem Allerweltsnamen McDonald. Cheri hasste den Namen. Sie wurde in der Schule »Big Mac« gerufen. Meine amerikanische Familie will allein schon deshalb nichts essen, was aus der erfolgreichsten Systemgastronomie aller Zeiten stammt, und ich glaube fast nicht, was ich als Begründung aus ihren Mündern höre: »Eating up the Amazon.« Zugleich höre ich ihren Berichten über die gefährliche Trockenheit in Kalifornien und das teure Wasser zu. Doch die Brände seien noch weit von ihrem Haus im Süden von Los Angeles entfernt. Die Dürreperiode in Deutschland können sie kaum glauben, um uns herum sieht man ja so viel Grün. Dass inzwischen in den viel zu trockenen Wäldern in Hessen, über die sich nur die Borkenkäfer freuen, mehr als hundert kleine Waldbrände ausgebrochen sind, kommt gar nicht bei ihnen an. In Kalifornien sei es viel schlimmer. Für meine Verwandten ist das Nordend mit dem grünen Adlerflychtplatz ein Erholungsparadies und sie wollen bald einmal wieder zusammen mit ihren Kindern nach Frankfurt kommen. Sie erzählen Familiengeschichten, denen ich nicht so leicht folgen kann. Meine Gedanken schweifen ab. Nicht weit entfernt vom *La Dolce Vita* haben sich Friedrich Hölderlin und Susette Gontard heimlich Liebesbriefe durch die Hecke des Adlerflychthofs zugesteckt. Das Feriendomizil der Gontards lag damals vor den Toren der Stadt. Es war der einzige Ort, wo sich die beiden, wenn auch immer nur kurz, sehen konnten, nachdem der reiche Kaufmann Jakob Gontard den armen Hauslehrer Hölderlin, über dessen unschickliches Verhalten ihm Gerüchte zu Ohren gekommen waren, aus seinem luxuriösen Anwesen am Hirschgraben werfen ließ. Hölderlin wohnte anschließend in Bad Homburg bei seinem Studienfreund Isaac von Sinclair und brauchte über drei Stunden, bis er nach 22 Kilometern vor dem Adlerflychthof stand. »So lieben, wie ich Dich, wird Dich nichts mehr, so lieben wie Du mich, wirst Du nichts mehr«, schrieb Susette an ihn. Da sich die beiden nicht mehr sehen durften, wurden sie krank. Susanne Gontard starb an Röteln und Liebeskummer. Friedrich Hölderlin, den sie Holder nannte, wanderte umher und wurde verrückt. Vom Adlerflychthof gibt es keine Spuren mehr. Diese Frankfurter Liebesgeschichte ist natürlich viel zu weit weg von meinen amerikanischen Verwandten, die nach dem Abendessen müde sind. Ich begleite sie zum Hotel *Villa Orange*. Ihr Zimmer gefällt ihnen, es würde so gut riechen. Die Biobaumwolle der Bettüberzüge hat es ihnen besonders angetan und auch die Möbel aus Buche und Bambus. Meine Wohnsituation finden sie »not good«, weil man nicht ausweichen kann. Wenn alles schiefgeht, könnte ich zu ihnen nach Kalifornien übersiedeln. Zum Abschied bekam ich ein Mobile für den Wintergarten geschenkt. Die regenbogenfarbenen Gläser klingen angenehm, wenn auch nur ein kleiner Lufthauch sie bewegt. Auf dem Schildchen des Mobiles steht: »Put your Imagination in Motion«.

Ende August rufe ich wieder beim Objektmanager des Immobilienspezialisten an und erkundige mich nach dem Putzdienst für das Haus. Ich erfahre wie vor zwei Wochen, dass die Unterlagen noch nicht gesichtet seien und man auch noch andere Objekte hätte. Wir würden gegebenenfalls schon Bescheid bekommen, ich solle nicht jeden Tag anrufen! Der Ton mir gegenüber hat sich verschärft, die Höflichkeitsmaske fällt bereits herunter. Ich habe nicht jeden Tag angerufen, das war mein zweiter Anruf. Aber jetzt wird das Muster deutlich: Unsicherheit verbreiten, keine klaren zeitliche Aussagen machen, nicht einmal über den Putzdienst für das Treppenhaus. »Gegebenenfalls«. Auch so ein Wort. Was heißt das. Soll etwa gegebenenfalls vielleicht nie ein Putzdienst das Haus reinigen, weil der neue Besitzer sowieso modernisieren will? Da wäre ja jeder Dreck im Treppenhaus willkommen.

Heute, am 22. August, gibt es eine gute Nachricht. Der Hamburger Senat hat einen Gesetzesentwurf vorgelegt, in dem von einer »Wohnraumschutznummer« gesprochen wird, um Wohnungsmissbrauch durch Air bnb zu bremsen und so Mieter zu schützen. Es hat sich offensichtlich und viel zu spät auch bei der Hamburger SPD herumgesprochen, dass Vermieter oft wegen Eigenbedarf kündigen, um dann kurzfristig lukrativ weiter zu vermieten. Und was macht Frankfurt? Überall eine sich beschleunigende Unordnung. Ich führte meine amerikanische Familie im Nordend umher und fühlte mich fremd. Verwandlungen durch Baugerüste. Dahinter Menschen mit verrutschten Perspektiven. Frankfurt, eine der modernsten Städte Deutschlands. Aber auch eine liberale Stadt, ohne rechten Mob und ausländerfeindliche Taten. Darauf kann man stolz sein. Hoffentlich bleibt es so. Unser Mitmieter aus dem vierten Stockwerk, der sogar länger hier im Haus wohnt als ich, ist die Treppe heruntergestürzt und muss wegen Platzwunden am Kopf behandelt werden. Außerdem ist plötzlich eine Nachbarwohnung freigeworden. Von einem Tag auf den anderen zog die junge Frau nach München, sie will dort heiraten. Was wird jetzt mit der leeren Wohnung geschehen?

Jeden Tag erstaunt mich eine neue Information zum Thema Wohnen und Mieten. Heute zum Beispiel las ich in der Zeitung, dass der wissenschaftliche Beirat des Bundeswirtschaftsministeriums der Bundesregierung dringend rät, die Mietpreisbremse und den sozialen Wohnungsbau endlich ganz abzulehnen. Die Namen dieser sogenannten Berater bleiben unbekannt. Ich nehme an, es sind Lobbyisten, die selbstverständlich von Steuergeldern finanziert werden. Die Bundesregierung soll bitte jetzt ganz schnell Wohngeld einführen, das unverzüglich in die Taschen der Immobilienbesitzer wandern kann. Folgerichtig bringen dann auch wieder höhere Mieten Geld in die Kassen der Immobilienbranche. Hallo Staat, du finanzierst mit deinem Wohngeld den Wucher! Das alles, vor allem auch die Querfinanzierung der internationalen Bauwirtschaft, ist diesen Lobbyisten seit ihrem BWL-Studium bekannt. Thorsten Schäfer-Gümbel erregt sich über die sogenannten Wissenschaftler, sie hätten »die neoliberale Mottenkiste weit geöffnet«. Auch Katarina Barley von der SPD ist über das sogenannte Gutachten entsetzt. Der Gewerkschaftsbund wendet sich ebenfalls gegen diesen Plan, weil so die Spaltung der Gesellschaft vorangetrieben würde. In diesen Zusammenhang passt auch, dass wieder einmal das Muster der Lobbygruppen deutlich wird. Diese Gruppen missbrauchen die Wissenschaft. Als gar nicht nette Berater wollten sie doch schon das Trinkwasser privatisieren und legten auch einen herrlichen kostengünstigen Plan für Stuttgart 21 vor. Wieder mal alles net bös gemeint. Tausende von Beraterverträgen! Tausende Berater! Ich habe den Eindruck, viele Politiker hängen an ihrem Tropf. Parallel dazu läuft die schleichende Enteignung der Sparerinnen und Sparer. Und wie könnte es anders sein, ich gehöre zu dieser Gruppe, die jetzt immer weiter Geld verliert. Schon wieder mal alles dumm gelaufen.

Alle sechs Jahre, so die Frankfurter Statistik, verlässt die Hälfte der Bürger die Stadt wieder. Ich gehöre zur anderen Hälfte und lebe immer noch im Frankfurter Nordend. Inzwischen auf schwankendem Boden. Der Investor verhält sich ruhig. Noch sind keine Mängel in unserem Haus aufgetreten, auf deren Beseitigung wir vielleicht lange warten müssten, denn man kennt ja die Methode dieser Eigentümer: Hinausgezögerte Hilfe oder gar keine Hilfe bei Schäden. Als Nächstes werden wir uns mit dem Thema Instandsetzung oder Modernisierung oder Eigentümerwechsel auseinandersetzen müssen. Profitgier hat bereits den Status eines Naturereignises, zumindest kommt es aufgebläht wie ein unvermeidbarer Tornado daher. Und wenn auch bis jetzt noch nichts passiert ist, so bin ich sicher, dass in Zukunft etwas passieren wird. Nur was? Zum Thema Wohnen und Mieten gibt es jetzt in Frankfurt in ein paar Wochen eine Demonstration. Überall auf dem Globus ähnliche Probleme. Doch die Immobilienwirtschaft kann die Proteste bisher wegstecken. Soziale Probleme scheinen insgesamt veraltet zu sein, obwohl die Angebotsmieten im Bundesdurchschnitt doppelt bis dreimal so schnell steigen wie die Verbraucherpreise. Sich mit all dem zu beschäftigen, macht müde. Aufklärung macht ungeduldig. Da ist es doch gleich besser, nichts zu sehen und nichts zu hören. Auch das ist Fortschritt. Endlich ganz weg mit den sozialen Errungenschaften. Und was passiert mit den Menschen, wenn sie nur noch ein Wirtschaftsfaktor sind? Wenn sie Bilanzen stören? In meinem Fall aber geht es eigentlich nur um die Frage: Wie werden mich die neuen Immobilienbesitzer am schnellsten los! Ich und so viele andere sind einfach nur lästig und sollen dafür bestraft werden. Wen interessiert schon das wachsende Unglück, das sich immer weiter ausbreitet. Ja, ich gebe zu: Ich kann mit den Schreckbildern, die jeden Tag in mich eindringen, schlecht umgehen. Immer häufiger höre ich den Satz: »Wir wollen doch nicht emotional werden.« »Bitte.«

Jeden Tag ungewohnte Bilder und Szenen in unmittelbarer Nähe. Die beiden armseligen, inzwischen verdorrten Bäumchen vis-à-vis wurden noch nicht ersetzt. Das Dixiklo ist verschwunden. Aus den Fenstern Rauchschwaden und Lärm. Ich setze mich in den Wintergarten und höre fremde Stimmen. Drei Männer stehen im Hinterhof. Wie kommen sie ohne Schlüssel dorthin? Wer hat sie hereingelassen? Sie betrachten ausgiebig unser Haus, gestikulieren, heben die Arme nach oben, grinsen. Einen Mann kenne ich. Vor ein paar Monaten verhaftete ihn die Polizei zusammen mit seinem Steuerberater auf dem Oederweg am Caféhaustisch und führte die beiden mit Handschellen ab. Gegen ihn und seine Kumpels wird seitdem wegen verwickelter Geldgeschäfte, Geldwäsche und Steuerhinterziehung ein Wirtschaftsprozess geführt. Dieser Mann hat einen Teil seines Geldes mit Sportwetten gemacht und bei Zwangsversteigerungen von Immobilien zugegriffen. Aber bald schon verwischen sich die Spuren. Nicht einmal die Staatsanwaltschaft blickt bei all den Firmengeflechten durch. Es soll Verbindungen zu anderen Immobilienspekulanten geben, die ganze Immobilienpakete hin- und herschoben. Auch der Tatbestand, dass Bauarbeiter bei der Sanierung von Immobilien nicht bezahlt wurden, wird verfolgt. Ich bekomme die Fragen nicht aus meinem Kopf, wer den drei Männern wohl die Haustür aufgesperrt hat und wer die zwei anderen Männer gewesen sein könnten. Ist einer von ihnen der neue Hausbesitzer? Kurz darauf liegt der Hinterhof in seiner Mittagshitze wieder ganz still da. Ich starre auf die Linde. Nein, ich habe mir die drei Männer nicht eingebildet.

Und wie kommt der geplante Milieuschutz für das Nordend voran? Wir stellten ja schon bei der letzten

Ortsbeiratssitzung die Frage nach dem Milieuschutz und wandten uns mit einem Brief in dieser uns wichtigen Angelegenheit an den Magistrat, genauer an Mike Josef von der SPD, der für Planen und Wohnen zuständig ist. Der August neigt sich seinem Ende zu, und heute kam der Antwortbrief der Stadt. In diesem Antwortbrief wird uns deutlich mitgeteilt, dass der Milieuschutz für das Nordend zwar in Kürze erfolgen soll, aber keineswegs für die Lersnerstraße. Mike Josef schreibt oder lässt schreiben:

»... Allerdings werden diese Instrumente des Vorkaufsrechts und der Milieuschutzprüfung auch zukünftig nicht für die Lersnerstraße (...) anwendbar sein. Die Lersnerstraße liegt zwar in einem Gebiet, für das die Aufstellung der Milieuschutzsatzung E 50 Nordend III beschlossen wurde. Die jetzt vorliegenden gutachterlichen Untersuchungen zur Zusammensetzung der Wohnbevölkerung und des Wohnungsbestandes haben allerdings ergeben, dass der räumliche Geltungsbereich der Satzung E 50 angepasst werden muss. Für den Bereich der Lersnerstraße wurde festgestellt, dass die rechtlichen Voraussetzungen für den Erlass einer Milieuschutzsatzung nicht vorliegen. Die angepasste Erhaltungssatzung E 50 Nordend-Mitte wird zusammen mit vier weiteren Milieuschutzsatzungen in Kürze in den Beschlussgang gebracht.«

Wer versteht das? Zum Glück ein Rechtsanwalt. Es stellen sich Fragen über Fragen. Nach welchen Kriterien wird die Zusammensetzung des Wohnmilieus beurteilt, um dafür oder dagegen zu sein? Wer sind die erwähnten Gutachter? Ist es vermessen anzunehmen, dass sie aus dem Wohnungsbesitzerverein kommen und natürlich die Milieuschutzsatzung einschränken möchten, um ihre wilden Baumaßnahmen durchführen zu können? Auf alle Fälle wollen wir dieses Gutachten einsehen, das als Magistratsvorlage dienen soll. Wir haben sofort an Mike Josef zurückgeschrieben und nach der nachträglichen Herausnahme auch unserer Straße aus dem Geltungsbereich der Milieuschutzsatzung E 50 Nordend III gefragt. Wir möchten wissen: Warum ist die Zusammensetzung der Wohnbevölkerung östlich des Oederwegs für den Milieuschutz erhaltungswürdig und westlich des Oederwegs nicht? Gerade in der Lersnerstraße gibt es es ja seit vielen Jahrzehnten eine Wohnbevölkerung, die nun nach und nach durch den Umwandlungsdruck auf dem Mietwohnungsmarkt verdrängt wird. Wir wollen die rechtliche Voraussetzung, die für uns nicht nachvollziebar ist, schwarz auf weiß lesen. Stimmt etwa die Zusammensetzung der Bewohner nicht? Das alles müssen wir wirklich genau erfahren und bitten um einen Kontakt mit dem Planungsamt. Auf alle Fälle wollen wir den Magistratsbrief sofort an Frau Nissen weiterleiten; sie hat ja bei ihrem Besuch unser Haus und die Umgebung genauer kennengelernt. Sicher kann sie weitere Informationen über die Satzungsvorlage aus dem Magistrat erhalten und vielleicht auch eingreifen. Das hat sie uns zumindest versprochen. Wir befinden uns jetzt in einem unerquicklichen juristischen Dschungel mit dem allzu bekannten Hin- und Hergeschiebe von Problemen. »Hoffentlich wird es nicht so schlimm, wie es schon ist«, sagt Karl Valentin.

Wir befinden uns auch in einem anderen Dschungel, in dem dubiose Handelsgeschäfte mit Immobilien verschleiert werden. Dumm, wer sich dabei nichts denkt. Jetzt kommmen auch immer mehr ausländische Investoren dazu. Spekulation mit Wohnraum ist ja inzwischen normal, weil viele so ihr (Schwarz-)Geld (waschen und) in Sicherheit bringen wollen. Wenn ich abends durchs Nordend gehe, wundere ich mich, in wie wenigen Fenstern Licht brennt. Nun, viele Bewohner sind noch in Ferien, oder sie mussten wegziehen und hinterlassen leere Wohnungen. Leere Wohnungen, nicht nur im Nordend, sind ja besonders wertsteigernd. Hallo: spekulativer Leerstand! Tendenz steigend. Da lachen auch ausländische Investoren, denn sie kennen die Kapitalerwerbsfreiheit.

Immer öfter frage ich mich, ob das Weiterleben in unserem Wohnhaus nicht doch verlorene Zeit ist. Wieso suche ich nicht längst eine andere Wohnung? Vielleicht, weil allein schon wegen meines Alters die Suche einer neuen Mietwohnung irreal ist. Und sollte ich tatsächlich eine Wohnung finden, gibt es keine Garantie dafür, dass mir dort nicht wieder dasselbe passiert. Der Frau mit dem Handicap, die in der Parterrewohnung lebt, passiert es ja schon zum dritten Mal. Ich laufe in meiner kleinen Nordendwelt nervös herum, eine Flaneurin bin ich nicht. Letztendlich weiß ich nicht, was die anderen Mieter vorhaben. Meine Nachbarwohnung ist bereits leer. Es gibt hier wie in jedem Mietshaus unterschiedlichste Interessen, die sich allein schon aus den großen Altersunterschieden und den ständig schwankenden Gefühlslagen ergeben, bei denen das Geld eine große Rolle spielt. Ich wohne beinahe am längsten hier. Nur die Frau aus Finnland aus dem vierten Stock hat noch ein paar Jährchen mehr zu bieten. Immer wenn wir uns sehen, freue ich mich über ihr melancholisches Lächeln. Mit der Frau aus dem ersten Stock, die erst vor ein paar Jahren von Bad Homburg hierher gezogen ist, weil es ihr dort nicht mehr gefiel und sie sich ein wenig in unser Haus verliebt hat, spreche ich oft über unsere neue Situation, mit der sie so gar nicht gerechnet hat. Als Übersetzerin hat sie ein ganz individuelles Verhältnis zur Sprache und zu Büchern. Ich bewundere ihre optimistische Einschätzung unserer Möglichkeiten, hier längerfristig weiter zu leben. »Put your Imagination in Motion.« Sie möchte keinen Plan B haben, genauso wie ich. Wie lange wollen und können wir aber noch Mieterinnen und Mieter bleiben? Hier wohnen auch Kinder und eine kleine Hündin. Noch hat keine Prüfung unserer Standfestigkeit stattgefunden. »Die Konstruktion des Lebens liegt im Augenblick weit mehr in der Gewalt von Fakten, als von Überzeugungen.« So beginnt das berühmte Einbahnstraßenbuch von Walter Benjamin, ein Buch mit den Beschreibungen seiner philosophischen Stadtlandschaft. Und ich? Muss ich bald eine Tür, die ich noch nicht kenne, aufschließen? Das Leben ist kurz. Wo sind die Perspektiven? Beginnt jetzt die Dramatisierung? Werden die Konflikte eskalieren? Es ist ja völlig aussichtslos, sich gegen den exzessiven Materialismus stellen zu wollen. Auf alle Fälle ändert sich mein Leben und Schreiben durch diese Vorgänge. Meine neuen Erfahrungen sind auch nützlich für die Frage, wie ich mir mein Alter in dieser Stadt vorstelle, und plötzlich befinde ich mich mitten in einem zentralen Thema der Zeit. Gestern wollte ich mir im »Mal Seh'n«-Kino einen Dokumentarfilm ansehen und las auf dem Weg dorthin in der Keplerstraße an einer Vorgartenmauer den Satz: »Die Gier des Menschen ist unantastbar.« Neben dem »Mal Seh'n« in der Adlerflychtstraße befindet sich die Blindenanstalt. Sie wurde zur gleichen Zeit gebaut wie unser Wohnhaus. Manchmal sehe ich Blinde mit ihren weißen Stöcken geradezu wagemutig schnell durchs Nordend laufen. Einige wollen sich nicht einmal über die Straße helfen lassen. Ab und zu gehen auch Blinde ins »Mal Seh'n«, wenn sie auf den jeweiligen Film vorbereitet worden sind.

Ich war zwei Wochen an der Lahn und wanderte durch die hügelige Weinlandschaft. Sehnsucht nach Frankfurt hatte ich nicht, warum auch. Ich wusste ja, dass ich bald wieder in der kleinen Metropole sein würde. Doch beim Gedanken, vielleicht bald wegzuziehen, mir hier in dieser unaufgeregten Landschaft eine Wohnung zu suchen, die nur einen Bruchteil meiner Frankfurter Wohnung kosten würde, breitete sich in mir eine große Unsicherheit aus. Und dann ahnte ich plötzlich, woher diese Unsicherheit kam, und ich gestand mir zögernd ein verworrenes Heimatgefühl ein, das ich gar nicht genauer beschreiben kann. Das Wort Heimat wäre mir vor kurzem noch gar nicht über die Lippen gekommen. Dieses bisher vage Heimatgefühl lebt aus einer Art Metropolensehnsucht heraus, die sich längst in meiner Frankfurter Wohnung eingenistet hat. Das bin also auch ich.

Aber kaum nach Frankfurt zurückgekommen, sah ich das erschöpfte ausgetrocknete Nordend, das staubige Laub und die gehetzten Gestalten in ihre Smartphones starren. Vor ein paar Tagen ist der Apokalyptiker Paul Virilio, der die Krise der Raumordnung analysiert hat, gestorben. Er sprach schon vor der Handy-Revolution von immer mehr neuen Technologien, die eine immer intensivere Beschleunigung mit sich bringen. Auch die Verschmutzung der Infosphäre und dass man dringend eine Infoökologie bräuchte, thematisierte er. Aber weit gefehlt. »Rasender Stillstand« überall. Wenn sich in Echtzeit Realität immer weiter beschleunigt, dann kann man nicht mehr reagieren, dann folgt völlige Regression. An der Börse werden die Karten panisch gemischt. Parteien stecken in Koalitionszwangsjacken. Zwar ist das Thema Wohnen jetzt ganz oben in der Politik angekommen, aber nicht nur die Infosphäre ist verschmutzt, auch die Ziele und politischen Haltungen verschwimmen.

Frankfurt eröffnet in wenigen Tagen mit einigen Festivitäten offiziell die neue Altstadt, nachdem man schon vor ein paar Monaten die Baugerüste entfernt hat. 200 Millionen Euro oder mehr hat die Stadt insgesamt investiert. Die Tourismusindustrie wird enorm profitieren, aber was haben die Frankfurterinnen und Frankfurter davon? Die Frage nach der Verteilung der Steuergelder darf ich doch stellen. Oft gehe ich über den Oederweg ins Stadtzentrum hinunter. Jedes Mal ärgere ich mich kurz vor dem Eschenheimer Turm darüber, dass der Goepfert-Brunnen in der Mitte des kreisenden Verkehrs seine Aluminiumstäbe sinnlos trocken in die Höhe streckt, weil eine Wasserleitung aus Versehen angebohrt worden ist. Kaum zu glauben, man findet bei den vielen unterirdischn Wasserrohren den Fehler nicht. Also gibt es seit über zehn Jahren keine Wasserfontänen mehr, und so wird es wohl bleiben. Eine Reparatur wäre leider zu teuer, sagt die Stadt. Früher kam es mir so vor, als würde das hoch spritzende Wasser des Brunnens in direkter, wenn auch ungewollter rhythmischer Beziehung zu einer Leuchtreklame in unmittelbarer Nähe stehen, die nervös strahlend die Schrift von Detektiv Tudor an einer fensterlosen Hauswand umrahmt. Ich könnte mir überlegen, ob ich die Dienste des Detektivbüros einschalte; wer weiß, welche Informationen aus dem unermüdlichen Neongeblinke herauspurzeln würden. Gleich um die Ecke, in der Stiftstraße, wurde Rosemarie Nitribitt, eine stadtbekannte Prostituierte, in ihrem Apartment ermordet. Hoffentlich müssen die etwas schäbigen 50er-Jahre-Apartmenthäuser nicht demnächst sterilen Neubauten weichen. Das abgerissene Turmpalastkino, in dem man Orginalversionen englischer Filme sehen konnte, ersetzte *Tegut* mit einem Laden, und das Rundschauhaus, eines der wichtigsten Gebäude der Nachkriegsarchitektur, gibt es schon seit über zehn Jahren nicht mehr. Projektentwickler vermarkten mit ihrem beschränkten Investorenblick das ehemalige Rundschauareal bis hinunter zur Zeil in einem *Palais Quartier* und im *Flare of Frankfurt* mit Hotel und Boardinghouse. Selbstverständlich geht es dabei um »Lifestyle« und hochwertige Wohnungen für »innovative Menschen, die die Stadt dringend braucht«, so der Wirtschaftsdezernent. Diese Quartiere sollen laut Werbung ein »besonderes Zuhause« garantieren. Es wird von den »Millennials« als Zielgruppe gesprochen, jungen und ewig jung gebliebenen Leuten einer neuen Generation von Reisenden, die sich im »Business District« mit den weißen, aggressiven Keramikfünfecken an den Häusern, für eine Mixtur von »industrial chic« und »Gemütlichkeit« interessieren. Die Stadt freut sich sicher über die »Lifestyle«-Produkte *Moxy* und *Residence Inn.* Noch mehr freut sich die Stadt über das neue Gleichgewicht zwischen Hochhäusern und den historisierenden Konstruktionen ihrer Altstadt. Die Bewohnerinnen und Bewohner Frankfurts würden sich auch über sprudelnde Brunnen freuen, vielleicht mehr als über die Spitzgiebel der neuen Kulissenstadt. Doch ein bisschen Nachdenken über die Stadtgeschichte kann ja nicht schaden. Es gibt sogar sogenannte »nachgebaute Orginalstücke«. Der Kaiserdom *St. Bartholomäus* hat seinen Umraum zurückerhalten. Zumindest bekommt man nun eine Ahnung vom alten Markt und von den Laubengängen, die zu den Speichern und Dachböden führten. Bei den Kritikern und Befürwortern der Altstadtrekonstruktion taucht vermehrt das Wort Heimat auf. Heimat für Frankfurter oder für Touristen? Heimat als »Retrokulisse«, schreibt die *Süddeutsche Zeitung*. Heimat in den Spitzgiebeln. In ein paar Jahren werden 19 der 20 höchsten Türme des Landes in den Frankfurter Himmel ragen. Auch diese Türme sollen Heimat werden und in einer aparten Spannung zur Altstadt stehen. Wer wird in den Hochhaustürmen wohnen? Sie haben ja nicht umsonst einen schlechten Ruf, weil sie so beliebte, leblose Anlageobjekte sind, in denen man Geld parkt, und sonst gar nichts. Gegen Wohnungsmangel richten sie nichts aus. Es gibt allerdings auch kritische Stimmen, die vermuten, dass die Altstadt eine Art lebloses Museumsdorf wird. Auf die Frage der FAZ, ob die Stadt die richtigen Käufer für die Altstadtwohnungen gefunden hat, damit das Viertel ein lebendiges Viertel wird, gab Michael Guntersdorf, der Geschäftsführer der Dom-Römer GmbH, keine eindeutigen Antworten. Mieter mit kleinerem Geldbeutel wird es hier gewiss nicht geben, und Guntersdorf verglich in der FAZ den Quadratmeterpreis mit dem Preisniveau im Nordend. Die Frage nach den Spekulanten in der Altstadt blieb unbeantwortet. Herr Guntersdorf bezeichnet die Käufer nicht unbedingt als Sympathieträger; er weiß, dass diese Käufer versuchen werden, die Wohnungen zu hohen Preisen zu vermieten, aber es sei halt so. Das alles ist in der FAZ vom 27. September nachzulesen.

In unserem Haus ist es merkwürdig still, so still, als würden wir in einem vorgezogenen Winterschlaf verharren und gar nicht darauf erpicht sein, etwas Genaueres über unserer neue Situation zu erfahren. Die Angst sieht man nicht. Angst würde unter Umständen auch nur einem Therapeuten nutzen. Im Grundbuch ist jedenfalls noch kein Eigentümerwechsel verzeichnet. Was bedeutet das? Lauter Unklarheiten, die vielleicht zu einer Art Zermürbungstaktik gehören oder auch nicht. Ich bin wieder ins Schreiben abgetaucht und stelle mir die zermürbende Frage, womit beziehungsweise mit wem ich in Zukunft rechnen muss. Bisher ist alles unberechenbar. Warum heißen Häuser eigentlich Immobilien? Klar, weil sie sich nicht vom Fleck rühren. Ja, sie können nicht wandern. Doch die Umzugsschilder auf der Lersnerstraße markieren die Wanderbewegung ihrer Bewohner. Die Häuser machen nicht winkewinke; stoisch stehen sie da, wie immer. Aber bewegungslos werden trotzdem diejenigen nicht, die noch nicht ausgezogen sind. Dennoch: immer mehr Menschen im Umzugskoma. Und das dröhnende Geräusch von immer mehr Rollkoffern. Die SPD im Sinkflug. Und ihre Klientel? Wohin geht die Reise? Die Arbeiterklasse gibt es ja schon lange nicht mehr. Alle Grenzen hin zur Mittelschicht sind verschoben. Auch die wohlhabendere Mittelschicht bekommt soziale Probleme. Und die GRÜNEN? Sie sprechen seit neuestem, wenn es um die Wohnungsproblematik geht, vom »Friedhof der

Träume«. Der Sozialstaat am unteren Limit. Nicht nur Arbeiter und Angestellte können ihre Wohnungen kaum noch bezahlen, es trifft auch Akademiker. Wahlplakate auf dem Oederweg, auf denen das Wort Wohnen auftaucht. Wird es eine Wohnungspolitik geben, die sofort oder wenigstens bald greift? Wird es so sein wie mit der Klimapolitik? Schließlich gibt es keine, die funktioniert. Wachstumswahn breitet sich weiter aus. »Den Wahn erkennt nur der, der ihn nicht teilt«, sagt Sigmund Freud. Gier: net bös gemeint. Wachstum: net bös gemeint.

Ich bin erstaunt: In 65 deutschen Städten wurde der Grenzwert für Luftverschmutzung überschritten, aber nur in 14 Städten soll es Fahrverbote geben. Frankfurt, die Pendlerhauptstadt, ist erst einmal nicht bei den Dieselfahrverboten dabei. Also alles nicht so schlimm? Kann ich jetzt tief durchatmen? Nicht so ganz. Frankfurt, heißt es, sei ein Wackelkandidat, in der Innenstadt drohe doch noch Fahrverbot. Die Modernisierung des Frankfurter Fuhrparks wird heraufbeschworen. Es soll demnächst Elektrobusse und saubere Müllwagen geben. Nur wann? Wer bezahlt die Umrüstung? Sicher nicht die Autoindustrie. Es wäre doch wirklich an der Zeit, über eine andere Mobilität nachzudenken, denn Frankfurt erstickt im Verkehr. Nichts zu machen? Kopenhagen hat eine Verkehrswende erreicht. Die Hälfte ihrer Bewohner radelt mit dem Fahrrad zur Arbeit; es gibt Lastenräder und, man kann es kaum glauben, nur 14 Prozent sind mit dem Auto in der Stadt unterwegs. Aber mit dem Durchatmen wird es in Frankfurt vorerst nichts. Und unsere Volksvertreter? Unsere SPD? Sie hat sich schon wieder in eine schwammige Ecke drängen lassen, denn ihr Vorschlag, dass die Autoindustrie die Hardwarenachrüstung ihrer Autos übernehmen muss, ist vom Tisch. Nun sollen insgesamt Umtausch und Verschrottung erfolgen. Die Parteien sind wieder einmal Lobbyverlängerer. Und deshalb geht die Regierung auch nicht gegen die Autoindustrie und die Täuschung der Verbraucher vor. Politik und Autolobby kann man sowieso nicht trennen. Diese Lobby verhindert den Ausbau der Schienen. Nur etwa 17 Prozent des Güterverkehrs wird über die Schienen abgewickelt. Aber die Bahn gehört doch dem Bund. Kann er nicht endlich Managerfehler korrigieren. die z. B. Stuttgart 21 ermöglichen, aber die Bahnnebenstrecken verkommen lassen und immer höhere Subventionen fordern? An wen soll ich alle meine Fragen richten? Ich liebe das Zugfahren und außerdem bin ich froh, dass ich mir als Fußgängerin keine Gedanken darüber machen muss, was ich mit meinem Auto tun soll. Die Autobesitzer tun mir sogar ein bisschen leid bei all diesem Hin und Her. Trotzdem sind die Verkäufe der deutschen Autoindustrie hervorragend. Und im Ernstfall wird der Betrug der Hersteller mit Steuergeldern zugedeckt. Ich will nicht weiter darüber nachdenken, dass weniger Autos gut wären, diese banale Erkenntnis darf man kaum äußern, sie verdirbt die gute Laune. Und Dieselbetrüger werden einfach nicht abgestraft. Punkt. Also immer weiter so mit der Zerstörung. Ich bin nur eine lästige Fußgängerin, die aggressiv macht, weil sie Fragen stellt.

Aber ich will meine Zeit für mich selbst nützen; sie vergeht sonst ganz ohne mich. Ein wenig Sonntagsstimmung in meiner Wohnung, nachdem ich von einem Rundgang durch mein Viertel, das so friedlich dalag, zurückgekommen bin. Die Glocken der Epiphaniaskirche läuten. Ich höre die einschmeichelnde Stimme meines Vaters, des Barsängers aus Detroit wieder einmal auf CD. Er singt: »I never know what makes the rain to fall.« Der Jahrhundertsommer ist vorbei, und zum Glück befinden wir uns noch nicht in der sogenannten Heißzeit, aber es ist jetzt schon ein Jahr der Extreme. In diesem Sommer gab es eine dramatische Zuspitzung der Klimakatastrophe und der Wohnungskatastrophe. Die beiden Friedensforscher

Myrdal sprachen schon vor Jahrzehnten über die »Milieuvergiftung« und die symbolische »Klimavergiftung«. »Der Sommer war sehr groß«, aber nicht im Rilkeschen Sinne. Denn in Klimaabgründe haben wir schon geschaut in diesem Jahr 2018, und die erhitzte Atmosphäre bleibt bestehen. Ich sitze oft bei geöffneten Fenstern im Wintergarten. So ruhig und friedlich kann ein Hinterhof sein. Die gelben Blätter der Linde fallen so geräuschlos herab, als würde sie der Baum in einem schlummernden Zustand verlieren. Jetzt sieht man seine graugrüne Rinde. Die schönen Oktobertage versöhnen. Ich vermische im Halbschlaf die Zeilen der berühmten Herbstgedichte von Rilke und Benn. Immer wieder taucht der Satz auf: »Wer jetzt kein Haus hat, baut sich keines mehr.« Wohnen und Klima. Auch ein eigenes Haus kann in den Klimaabgrund rutschen, vom Schlamm zugedeckt werden oder abbrennen. Professor Hans Joachim Schellnhubers Erkenntnisse und die seines Klimainstituts sind eindeutig, und die Beschleunigung der Erderwärmung legt zu. Trotzdem glaubt dieser Professor erstaunlicherweise an ein kleines Wunder. Er weist auf Papst Franziskus hin, mit dem er sich regelmäßig trifft und dem er als Klimaspezialist all die Veränderungen erklärt. Im Vordergrund des päpstlichen Interesses steht wohl die Bewahrung der Schöpfung. Zumindest hat Franziskus, der Vertreter seiner angeschlagenen patriarchalen Organisation, in die Welt hinein gesagt: »Wenn wir die Natur zerstören, zerstört die Natur uns.« Ich bezweifle den Nutzen dieses Satzes. Beim Blick auf die Astern, die jetzt bei *Blumen Ursprung* auf dem Oederweg zu kaufen sind, läuft Benns Gedicht als Dauerschleife durch mein Gedächtnis. Halten die Götter die Waage eine zögernde Stunde an?

Vor den Herbst mit seinem sich geradezu einschmeichelnden Licht schiebt sich mein Wohnungsthema, und die Demonstration »Mietenwahnsinn Hessen« am 20. Oktober rückt näher heran. Sie soll vom Hauptbahnhof zum Opernplatz gehen, und heute habe ich schon einen gehörigen Schreck bekommen, denn auf dem Opernplatz werden auch die Rechten sein. Die Gruppe nennt sich Patrioten für Deutschland. Sie will gegen die Islamisierung des Abendlandes demonstrieren. Viel Polizei wird erwartet. Aber erst einmal schauen wir nach Bayern, wo morgen gewählt wird. Vor kurzem hat sich auch in München die Zivilgesellschaft in einer Demonstration mit dem Thema »ausspekuliert« Luft gemacht. Die Öffentlichkeit wurde darüber informiert, dass Markus Söder tausende Sozialwohnungen an Investoren verhökert hat. Ja, unsere Zivilgesellschaft. Ich bin auch ein Teil von ihr. Oft kommt mir der 14-seitige Essay *Empört Euch von* Stephan Hessel, dem ehemaligen jüdischen Widerstandskämpfer, in den Sinn. Es ist schon wieder acht Jahre her, als das Pamphlet eines 93-jährigen Mannes auf ein euphorisches Interesse gerade junger Leute stieß. Hessel arbeitete 1948 an der *Allgemeinen Erklärung der Menschenrechte der Vereinten Nationen mit.* Diese Menschenrechte sah er nun als alter Mann gefährdet. Das Schlimmste sei die Gleichgültigkeit gegen politische Verhältnisse. Kaum zu glauben, aber er rief zum politischen Widerstand gegen den Finanzkapitalismus, der die Welt bedrohe, auf. Ziviler Ungehorsam, wie realistisch kann er heute werden?

Jetzt geht es also auf die Straße. Hunderttausende demonstrierten in Berlin und Frankfurt gegen Rassismus. Die Koalition der CDU und GRÜNEN in Hessen hat jahrelang existentielle Themen wie Wohnungsnot, Gentrifizierung und Mietwucher tabuisiert. Auch die GRÜNEN, deren Hauptwählergruppe aus dem Nordend kommt, sahen keinen Grund, sich mit den Wohnkatastrophen wirklich zu beschäftigen. Weshalb auch. Ein großer Teil der bürgerlichen Gruppierung aus der Studentenbewegung hat ja rechtzeitig günstig Immobilien geschluckt und lebt gut situiert mit freundlicher Gleichgültigkeit. Oder nicht ganz? Jetzt rückt das Thema Wohnen irgendwie doch an sie heran. Wer für welches Politikversagen abgestraft wird, wird man nach den Wahlen sehen.

Oh Wunder, der Putzdienst hat seine Arbeit aufgenommen. Zwei Frauen aus dem Osten schrubbten das Treppenhaus mit scharfer Chemie. Der Geruch hing tagelang in der Luft. Als ich kurz mit ihnen sprach, sahen sie mich voller Mitleid an, und die Ältere der beiden flüsterte: »Sind Sie froh, dass Sie noch nicht wissen, was auf Sie zukommt.« Genaueres war nicht aus ihnen herauszubekommen. Also nichts wie hinaus ins Freie. Hinaus in den sogenannten Indian Summer mit seinen Lichtflecken und dem bunten Laub, auch im Nordend. Oft gehe ich vom ehemaligen Eingangstor des Holzhausengrundstücks am Oederweg durch den kleinen Hindemithpark zur Kastanienallee und dann weiter zum Holzhausenschlösschen; meine Unruhe verliert sich im Geräusch der herumliegenden Blätter.

Allmählich bekomme ich Mitleid mit der SPD. Ihr katastrophaler Fall bei der Bayernwahl gestern am 14. Oktober war zwar vorauszusehen, aber so tief zu stürzen ... das ist auch für mich beunruhigend. Zwar ist Hessen nicht Bayern, aber was heißt das schon. Jetzt will die SPD sogar uns vor der Hessenwahl noch erreichen. Unser Briefkontakt mit Frau Nissen dokumentiert das. Ihr Besuch in unserem Haus lief zwar nicht ins Leere, ihre Aktivität wirkt jetzt aber überstürzt. Das Büro Nissen schreibt, dass uns die SPD gerne helfen möchte, damit wir nicht luxussaniert oder gar aus unserem Stadtteil verdrängt werden. Also das Bewusstsein von unserer Situation ist da und der Wille nach Änderung rechtlicher Rahmenbedingungen ebenfalls. In dem Brief steht folgerichtig:

»Und damit die Politik sich bewegt – dafür brauchen wir wiederum Öffentlichkeit. Hier wollen wir noch mal angreifen. Wir zeigen, dass Sie sich nicht unterkriegen lassen. Und wir machen deutlich, wie die Entmietungsstrategien der ›Miethaie‹ funktionieren. Am Sonntag, dem 21.10. von 15 bis 17 Uhr wollen wir mit einem ›Rundgang des Grauens‹ die Spuren der Miethaie zurückverfolgen. Konkret heißt das: Gemeinsam mit Ihnen und der Presse möchten wir verschiedene Stationen im Nordend und Ostend ablaufen und uns und der Presse erklären, wie die Situationen in den von Entmietung bedrohten Häusern sind. Wenn Sie sich vorstellen können, an einem solchen Rundgang teilzunehmen, dann melden Sie sich bitte kurz bei mir … Wir haben insgesamt zwei Stunden Zeit. Je Station sollten wir nicht länger als 15 Minuten einplanen …«

Auf diesen überstürzten Plan wollen wir Mieterinnen und Mieter uns aber in dieser hektischen Form nicht einlassen. Wir haben uns gegen den »Rundgang des Grauens« ausgesprochen, denn das Ganze scheint doch kurz vor der Hessenwahl zu sehr Instrument des Wahlkampfes zu sein. Wir haben geschrieben, dass allein schon die Wahl dieser Begriffe unangemessen ist. Unser Wohnhaus ist nun einmal kein Ort des Grauens. Wir sind uns aber selbstverständlich des Ernstes unserer Lage bewusst. Viel wichtiger ist für unsere Straße, dass sich Frau Nissen für eine Überprüfung der Planvorlage zur Milieuschutzsatzung E 50 Nordend und für die Wiedereinfügung der Lersnerstraße in den Anwendungsbereich dieser Milieuschutzsatzung einsetzen will. Nicht nur wir Mieter hier, sondern die ganze Lersnerstraße und andere Straßen westlich des Oederwegs sind ja massiv von Verdrängung bedroht. An Frau Nissen schrieb unser Mitmieter, der sich als Rechtsanwalt mit juristischen Dingen auskennt: »Angesichts der Hessenwahl am 28.10.2018 möchte ich Ihre Aufmerksamkeit auf einen weiteren wichtigen Punkt lenken. Wie schon Planungsdezernent Mike Josef in seinem

Interview mit der *Frankfurter Rundschau* vom 23.7. 2018 zu Recht bemerkte, bleiben Milieuschutzsatzungen weitgehend zahnlos, wenn nicht die Landesregierung in Wiesbaden Gebrauch macht von der Ermächtigung in §172 Abs.1 Satz 4 Baugesetzbuch, die Umwandlung von Mietwohnungen in Wohnungseigentum unter Genehmigungsvorbehalt zu stellen. In den Aussagen der SPD zur Hessenwahl war dazu noch nichts zu lesen. Sollte ich hier etwas übersehen haben, wäre ich für einen Hinweis dankbar.«

Wir bräuchten also rasche Hilfe für Gesetzesänderungen. Unser Blick für die Wirklichkeit schärft sich. Seit 2014 haben die Stadtverordneten auf eine Initiative des Grünenpolitikers Olaf Cunitz hin eine Aufstellung weiterer Milieuschutzsatzungen beschlossen. Wieso dauert die Durchführung so lange? Es sei alles so aufwendig, sagen die GRÜNEN und SPDler. Bauliche Untersuchungen müssten vorausgehen. Also noch einmal: Wir in der Lersnerstraße wollen das Gutachten einsehen, aus dem hervorgehen soll, dass die Lersnerstraße aus der Milieuschutzsatzung wieder herausfällt. Ja, wir möchten uns in den Argumentationsdschungel hineindenken. Wir sollten die nächste Ortsbeiratssitzung besuchen. Die Frage, ob uns eine Milieuschutzsatzung schützen kann, ist bis jetzt nicht beantwortet. Ist das alles nur ein ohnmächtiges Aufbegehren?

Als ich heute zum Briefkasten gehen wollte, stand im Hausflur ein fremder Mann vor mir. Er war sozusagen mit der Tür ins Haus gefallen und hatte einige Papierbögen in der Hand. Auf diesen Bögen waren Architekturzeichnungen zu erkennen. Er starrte auf sein Handy. Ich sagte: »Kann ich Ihnen helfen?« Er wusste erst nicht, was er sagen sollte. Aber dann wollte er vielleicht doch einen Blick in meine Wohnung werfen oder vielleicht in eine andere. Auf meine Frage, warum er das wolle, nuschelte er von einem Auftrag als Architekt, einem Auftrag von höherer Stelle. Er hatte zwar vom Investor angeblich den Hausschlüssel bekommen, aber für den Keller fehlte ihm noch ein weiterer Schlüssel, ob ich einen für ihn hätte. Dann ging er schnell durchs Treppenhaus, doch nicht in den Keller, sondern hinauf zum fünften Stock. Bald kam er wieder die Treppe herunter. Ich machte ihm klar, dass er ohne schriftliche Genehmigung, die mit den Mieterinnen und Mietern abgesprochen sein müsste, keine offenen Türen fände und ob er wisse, für wen er eigentlich arbeite. Nach Sekunden peinigender Stille rief er plötzlich aggressiv: »Der Mann hat doch auch eine Familie, die er ernähren muss!« Beim Verlassen des Hauses murmelte er noch, er würde das Hinterhaus und den Hinterhof eben von der Sömmeringstraße aus fotografieren. Wahrscheinlich sollen mit Hilfe des Architekten irgendwelche Räume verändert oder an der Hinterhauswand möglicherweise ein Aufzug angebaut werden. Oder auch nicht. Nach ein paar Minuten fragte ich mich, ob er überhaupt ein Architekt gewesen ist. Er hatte zwar Architekturpläne in der Hand, es könnte aber auch ein neuer Eigentümer gewesen sein. Falls ja, hat er Wert darauf gelegt, nicht erkannt zu werden.

Anbauen, umbauen, einbauen, aufblähen, immer weiter wachsen, und dann kommt das Glück für neue Mieter zur Tür herein. Schon 1968, also vor fünfzig Jahren, warnte der *Club of Rome*, wenn auch in einem übergeordneten allgemeinen Zusammenhang im berühmten Buch *Grenzen des Wachstums* vor der Zerstörung des Planeten. Und auch nach fünfzig Jahren bleibt für die neuen Mitglieder des Clubs die Erkenntnis die gleiche: »Es muss endlich in die Köpfe, dass die Dogmatisierung der Kapitalrendite ein Schaden für die Zivilisation und für unsere Enkel ist.«

Höllenlärm und Staubwolken in der Lersnerstraße. Ein paar Häuser weiter werden wieder Steine geschnitten.

Das ist ganz normal und gehört zum urbanen Leben. Und wenn die Umbauarbeiten endlich zu Ende sind, kann der Verein *Haus und Grund* sagen: »Damit Sie etwas davon haben, dass Sie was haben.« Nachdem der Architekt oder der mögliche neue Besitzer unsere Haustür vor ein paar Tagen zugeschlagen hatte, holte ich aus dem Briefkasten eine Glanzbroschüre von *Engels und Völkers*, dem Immobilienmakler für das gehobene Segment. Schon öfter wurde ich über »Traumimmobilien« informiert. Jetzt lese ich in der Glanzbroschüre für Frankfurter Immobilien am Holzhausenpark, die sich in der »besten Lage in Frankfurt« befinden, die heimatlichen Wörter: »Zeitlos geborgen«. Oh ja, zeitlos geborgen wäre ich auch gerne in meiner Wohnung. Obwohl: Zeitlos müsste es gar nicht sein, ich weiß ja, dass ich zeitlich bin, aber geborgen wäre schön. Es gibt jetzt viele neue Immobilienangebote mit zauberhaftem Wohlfühlfaktor im Nordend. Ich befinde mich im diametral entgegengesetzten Zustand, deshalb gehe ich ja heute auf die Demonstration gegen den Mietenwahnsinn in Hessen. Der Umzugsmüllberg einer Häuserzeile zwischen Adlerflychtstraße und Hermannstraße wirkt irritierend. Diese Häuserzeile ist völlig geräumt worden. Die Bildzeitung berichtete über das »Geisterhaus vom Oederweg«. Der Eigentümer VBL soll Einsturzgefahr behauptet haben. Ob das stimmt oder nicht, weiß nur die Versorgungsanstalt des Bundes und der Länder, die nach Abbruch der Häuserzeile Hochpreisapartments bauen lassen will oder gleich weiterverkauft, statt Geld in eine Sanierung zu stecken. Und wohin sind die Bewohner verschwunden? Wurden sie versorgt? Abfindungen haben sie wahrscheinlich nicht bekommen. Die Stadt schaut wie so oft indifferent zu. Es wird also bald eine Großbaustelle entstehen. Übrigens hat die VBL einen Immobilienbestand von etwa 12000 Wohnungen und 290 Gewerbeeinheiten für ihre Versicherten. Sie ist auch Investor im Europaviertel und am Riedberg. Als ich den Flyer für die Demonstration auf dem Oederweg verteilte, war ich erstaunt über das Interesse. In kleineren Läden wurde der Flyer gleich ans Fenster geklebt, und die Leute fingen sofort an, über ihre Ängste zu sprechen. Die Frau aus dem Kleiderlädchen erwartet demnächst die Kündigung, denn ihre gemieteten Verkaufsräume direkt neben der geräumten Häuserzeile gehören ebenfalls VBL. Kleine gemietete Läden wirken traurig. Die Frau aus dem Bürobedarfsladen, bei der ich oft einkaufe, erzählt von unangenehmen Kunden. Die Leute kämen herein, fotografierten die Waren und fragten nach ihren Bezeichnungen, um sie dann online zu bestellen. Wenn eine neue Mieterhöhung käme, müsste sie sofort aufgeben. Die gleiche Vorgehensweise von Kunden erfahre ich aus dem Elektrofachgeschäft. Am beunruhigendsten war die Erzählung einer Frau, die Angst vor Mobbing hat. Ich verstand sie erst gar nicht und darf ihren Laden nicht nennen. »Irgendwelche Leute wollen mich aus meinem Laden ekeln, sie schreiben im Internet Beurteilungen, ich hätte alte Waren und würde die Kunden unfreundlich beziehungsweise gar nicht bedienen. Irgendjemand hofft auf Käuferschwund und dass ich aufgebe.« Wer die Leute sind, weiß sie nicht, aber die Verleumdungen machen sie fertig. Sie ist sich unsicher, was eine Demonstration bringen soll. In ein paar Stunden werde ich wissen, wie groß das Interesse an der Demonstration wirklich ist. Der Hubschrauber kreist schon über unseren Köpfen.

Am frühen Nachmittag liefen wir vom Vorplatz des Hauptbahnhofs zum Roßmarkt. Die einzelnen Züge waren von Rödelheim, Bockenheim, ja sogar aus Darmstadt gekommen. Die Sonne fiel schräg in die Kaiserstraße, und die Stimmung unter den etwas chaotisch organisierten dreißig Initiativen war nicht schlecht. Ich erkannte die Jugendorganisation der Gewerkschaft Verdi, die Diakonie

Hessen, den Mieterschutzverein, den Asta, Attac, eine Gruppe SPDler und Linke, die Caritas und viele Stadtteilgruppen. Auch die Nachbarschaftsinitiative NBO demonstrierte mit. Ich bewundere ihren langen Atem bei der Beratung all derer, die im Nordend plötzlich mit Spekulationsverkäufen konfrontiert sind. Sehr informativ waren die Fotos und Berichte der Aktionsgemeinschaft Westend, die seit Jahren die verfehlte Bau- und Wohnungspolitik am Beispiel von neuen 5-Sterne-Hotels und Luxuswohnungen dokumentiert. Auf den Dokumenten ist unschwer zu erkennen, dass das Westend eine Dauerbaustelle geworden ist. Und Riesenhotels vertreiben Mieter und machen kleinen Hotels den Garaus. Wird es hier im Nordend genauso werden? Lange standen wir auf dem Roßmarkt. Der dahinschwindende Sommer meinte es nochmals gut, aber im Schatten war es kalt. Viel musste eigentlich nicht geredet werden, wir sind existentiell von Wohnraumnöten unterschiedlichster Art betroffen. Ein Student vom Asta erzählt mir, dass er zur Zeit mit anderen Astamitgliedern Feldbetten aufbaut, weil ihn die Verzweiflung so vieler Studenten anrührt. Es gibt jetzt immer mehr private Anbieter, die sich *Micro Living* oder so ähnlich nennen; sie offerieren möblierte Einzelzimmer mit Schlafen und Kochen zu Wucherpreisen. Der studentische Wohnungsmarkt ist widerlich. Pro Quadratmeter muss viel mehr Miete entrichtet werden, als normale, tendenziell wohlhabende Mieter bezahlen. Verkehrte Welt. Aber noch nicht so schlimm wie in New York. Wegen rasender Mietpreissteigerungen werden dort auch immer mehr Kinder obdachlos. Laut offizieller Statistik sollen es über 100 000 sein. Tendenz steigend. Sie hausen in Obdachlosenunterkünften am Stadtrand. Ins touristische Stadtbild passen sie ja eh nicht. Wir alle wollen etwas gegen diesen Wahnsinn tun, nur was? Wir alle wissen, wie hoch Renditen für Immobilien sein können und wie mager die Verzinsung eines Sparvertrages ist. Ich höre von Frankfurt als einem Spitzenreiter bei Immobilienpreissteigerungen, für das letzte Quartal allein seien es 7,4 Prozent gewesen. Ohne Gesetzesänderungen wirft die Empörung (ganz im Sinn von Stephane Hessel) Schattenbilder an die Wand, und die über 6 000 Demonstranten auf dem Roßmarkt sind nur gedämpft optimistisch. Aber wirksamer als auf Facebook oder Twitter, wo man schnell etwas zusammenschreibt, ist es auf alle Fälle, als Person, sozusagen körperlich, anwesend zu sein. Auf einem Pappmascheekopf mit Haifischzähnen steckten Dollarscheine, darunter stand »Miethaie zu Fischstäbchen«. »Wohnen ist Menschenrecht«. Auf einem anderen Transparent konnte man lesen: »*Vonovia* enteignen, nach Artikel 15 des Grundgesetzes«. *Vonovia*, der größte private Vermieter in Deutschland mit unglaublichen »Ergebnissprüngen«, hat allein 42 000 Wohnungen in Berlin, deutschlandweit sollen es über 400 000 Wohnungen sein. Auch in Frankfurt ist *Vonovia* mit dabei. Die Zahlenangaben schwanken ständig. In Bochum, dem Konzernsitz von *Vonovia,* gehören dem Vermieter ganze Straßenzüge, und das Fußballstadion heißt *Vonovia Ruhrstadion.* Insgesamt herrliche Zeiten für das Unternehmen, das früher andere Namen hatte. Der Kunstname *Vonovia* erinnert irgendwie an Wohnen. Mit heimatlichen Assoziationen sind auch andere Unternehmen verbunden, oder es gibt gar keine Kunstnamen mehr, sondern nur Buchstaben. So kann man die Handlungen besser anonymisieren. Auf einem großen Karton, der von jungen Leuten tanzend getragen wurde, konnte man lesen »Wir wohnen dann mal im Schuhkarton«. Am besten gefiel mir ein durchsichtiger Ballon mit der Aufschrift »Immobilienblase?! Platzen lassen«. Von Ferne hörte ich den Song »Das ist unser Haus«. Das Wort »Enteignung« schwappte immer wieder über den Platz. Die Mieteinnahmen der MDAX notierten Unternehmen steigen sprunghaft, die Renditeausschüttung betrug in den letzten Jahren in Deutschland 20 Prozent pro Jahr. So werden die Aktionäre bei Laune gehalten. In Berlin soll es bald ein Volksbegehren geben. In Frankfurt ist die Situation nicht ganz so schlimm, immerhin wirkt die städtische ABG ein klein wenig preisdämpfend. Das börsenorientierte Immobilienunternehmen *Deutsche Wohnen*, Berlins größter Privatvermieter, bekam vor Jahren städtische Wohnungen zu Schleuderpreisen und zählt insgesamt 115 000 Wohnungen zu seinem Bestand. So sollten Haushaltslöcher gestopft werden. Ihr wichtigster Aktionär ist der amerikanische Vermögensverwalter *Black Rock*. Die Kapitalgesellschaft ist wohl der größte Mitbesitzer von Wohnungen weltweit. *Black Rock* legt leidenschaftlich gerne Geld an, und es ist nur folgerichtig, dass die Kapitalgesellschaft die Städte als Bankkonto sieht. Da die Missstände immer krasser werden, muss die Krise eskalieren. *Black Rock* hat inzwischen Vermögenswerte von über 6 Billionen Dollar. Inzwischen ist der Immobilienbesitzer in dreißig Ländern und rund siebzig Außenstellen vertreten. Immer häufiger wird die Fondsgesellschaft als heimliche Weltmacht bezeichnet, und weil sie so diskret arbeitet, nennt man sie auch *Black Box*. Der deutsche Aufsichtsratsvorsitzende heißt Friedrich Merz, und die deutsche Geschäftsstelle residiert im Frankfurter Opernturm. Übrigens ist der Unternehmenssitz von *Deutsche Wohnen* auch in Frankfurt. Und auch übrigens: *Deutsche Wohnen* lässt dreißig Wohnungen unweit des Uni Campus Westend leer stehen. Herbststimmung bei untergehender Sonne. Melancholische Hilflosigkeit. Thorsten Schäfer-Gümbel, der in einem Interview sagte: »Die Mietenexplosion hat unter einer schwarzgrünen Landesregierung stattgefunden«, ist auch im Demonstrationszug mitgelaufen. Eintausend Menschen ziehen innerhalb eines Monats in die Stadt. Nur, wohin? Höchstwahrscheinlich in die Traumimmobilien für das gehobene Segment. Die GRÜNEN habe ich bei der Demonstration nicht gesehen, aber ein paar waren sicher irgendwo. Wollen sie wirklich weiter nur Mehrheitsbeschaffer für die CDU sein? Ministerpräsident Volker Bouffier sprach von ihnen als Gruppe, mit der man gut zusammenarbeiten kann. Warum sollen sie sich für die immer weiter öffnende Einkommensschere interessieren? Es genügt doch schon, wenn man Eigentum hat, den Beamtenstatus genießt, viel fliegt und Bio kauft. Zwischen den Eigentümern und Mietern nimmt die Ungleichheit immer mehr zu, weil die Wohnkosten für Mieter immer drastischer werden. Nach neuesten Umfrageergebnissen können Die GRÜNEN bei der Wahl am nächsten Sonntag sogar Direktmandate erwarten, obwohl zum Beispiel im Wahlkreis Nordend die durchschnittliche Kaltmiete bis zu 16 Euro (die Zahlen ändern sich ständig) pro Quadratmeter betragen kann. Im Nordend haben Die GRÜNEN bisher eines ihrer bundesweit ältesten Direktmandate gewinnen können.

Meine Sympathie mit dem Nordend wird immer brüchiger. Trotzdem drehe ich oft am Morgen meine kleine Runde auf der Lersnerstraße in Richtung Bornwiesenweg und dann zum Holzhausenpark. Vor der Nummer 34 verzögere ich meinen Schritt, denn da liegen drei Stolpersteine. Auf einem steht der Name Nathan Saretzki; er war ein berühmter Kantor der Westendsynagoge und Religionslehrer. Ich weiß aus dem Buch über die Stolpersteine in Frankfurt am Main, welches als Gedenkprojekt von Gunter Demnig initiiert wurde, dass Nathan Saretzki 1938 aus der brennenden Hauptsynagoge Partituren rettete, die heute ein wichtiger Bestandteil im Zentrum für jüdische Musik in Hannover sind. Der zweite Stolperstein erinnert an Rosa Saretzki, seine Frau, der dritte Stolperstein an deren Mutter Rosa Ullmann. In der Lersnerstraße 34 gab es Hauskonzerte mit berühmten Frankfurter Musikern. Die Nachbarn mochten die Musik, sie veredelte die gute bürgerliche Atmosphäre. Die bekannte Opernsängerin Magda Spiegel, die als Altistin lange zum Glanz der Frankfurter Oper beitrug, gehörte zu diesem Kreis. Auch Theodor W. Adorno bewunderte die Sängerin. Sie wurde nach Auschwitz transportiert. Die Pianistin Henny Arendt, die eine Zeitlang in der Lersnerstraße 34 wohnte, ist wahrscheinlich in Łódź umgebracht worden. 1942 deportierten die Nazis die Familie Saretzki nach Theresienstadt. Rosa Ullmann starb dort, die Eheleute wurden von den Nazis 1944 in Auschwitz sofort nach ihrer Ankunft ermordet. Diese Namen nehme ich mit zum Stolperstein von Henny Arendt in der Lichtensteinstraße 2 und in der Holzhausenstraße 16 zum Stolperstein von Magda Spiegel.

Im Holzhausenpark raschelt das Laub. Fast könnte man glauben, die Zeit verlangsame sich. Aber das ist eine Täuschung. Laubsauger rütteln an den Nerven. Schon wieder haben ein paar kleine Geschäfte ihre Pächter gewechselt. In meinem Kopf drehen sich die Straßen mit ihren endlosen Geschichten. Immer mehr Häuser mit Gerüsten und Umzugsschilder auf den Gehsteigen. Die Veränderungen gehen so schnell, dass ich sie mir gar nicht mehr merken kann. Dem Juwelier- und Uhrenladen auf dem Oederweg ist plötzlich fristlos gekündigt worden. Geschäftsaufgabe Ende 2018 steht im Schaufenster. Von meinem Schreibtisch aus sehe ich auf dem Dach des gequälten Hauses gegenüber einen schmalen Metallstab. Er ragt empor wie eine Rakete, es ist aber eine Art Schornstein für die neuen eingebauten Kamine, denn es soll schließlich romantisch gemütlich im Inneren zugehen. Ich will nicht kleinlich sein, aber der Holzrauch mit all seinen Giftstoffen zieht dann bald in die Nachbarschaft und zur Linde. Seit Jahren wohnen dort keine Vögel mehr, nicht einmal Krähen ruhen sich auf ihren Zweigen aus, das

Kleiber-Pärchen hatte lange Zeit für die Gesundheit des Baumes gesorgt, und jetzt? Auch für Vögel wird es zu laut. Laster verstellen die Straße. Ein *Sprint Express* aus Polen parkt vor dem Haus. Regale, Schachteln, Hölzer, Maschinen werden ins Innere geschleppt. Handwerker arbeiten am Wochenende. An einer der Innenwände hängt jetzt ein gerahmtes Bild von Mao Tsedong, der hinter einem Spiegel seinen dicken Kopf herausstrecken. Ich kann ihm fast in die Augen sehen. Das soll wohl Kunst sein.

Als ich heute zu *Alnatura* auf der Eschersheimer Landstraße ging, musste ich wieder an einigen SUVs vorbei. Der Bürgersteig mag Geländewagen von über zwei Tonnen nicht. Ich auch nicht. Der Sozialpsychologe Harald Welzer sagt: »Mit dem Auto zeigt man nicht mehr, wer man ist, sonders was man anrichten könnte.« Wenn ein Passant aus der entgegengesetzten Richtung mit einer Tasche in der Hand auf mich zukommt, wird es eng. Parkende Autos nehmen mindestens ein Drittel des Gehwegs ein, auf der anderen Seite lehnen Fahrräder und Motorräder an den Gartenzäunen. Doch geschmeidig weiche ich in irgendwelche Lücken aus. Vor einem Umzugswagen bleibe ich stehen. Gerade werden Möbel und Schachteln eingeladen. Bei einem Gespräch mit den ausziehenden jungen Mietern erfahre ich, dass sie die Miete nicht mehr stemmen konnten und froh sind, eine billigere Mietwohnung in Preungesheim gefunden zu haben. Dass der Mieterbund Bußgeld für zu teure Mieten einfordern will, nützt ihnen nichts. Sie hatten Glück, obwohl sie mit anderen aggressiven Bewerbern konkurrieren mussten, und das sei extrem nervig gewesen. Junge Leute ziehen gerne um. Der neue Mietvertrag sei für sie wie ein Sechser im Lotto. Auf dem Rückweg von *Alnatura* gab es keine Spuren mehr von ihrem Hausrat. Nur das »Imperium der Schande«, ein zerfleddertes Taschenbuch von Jean Ziegler blieb auf dem Gehsteig zurück. So schaut mich von unten die Gegenwart an.

An der Ecke Schwarzburgstraße/Lortzingstraße soll der Glauburgbunker abgerissen werden. Das Überbleibsel aus dem Zweiten Weltkrieg wirkt nicht gerade einladend. Ästhetisch ansprechend ist der Bunker wirklich nicht, aber besonders abstoßend auch nicht. Seine Form ist nicht von seiner historischen Bedeutung zu trennen. Diese Unerschütterlichkeit könnte nun der Umgebung zum Verhängnis werden. Die Stadt war bis 1998 Eigentümerin und hat dann an einen Privatmann verkauft. Dieser wiederum verkaufte den Bunker 2017 an einen privaten Investor. Für die Stadt hätte es ein Rückkaufrecht gegeben, aber sie hat kein Interesse, und es sieht nicht so aus, als würde sich daran etwas ändern. Eine Bürgerinitiative weist darauf hin, dass Abreißen dem Bauherrn wesentlich mehr Rendite bringt als Umwandeln. Und so wird das Viertel höchstwahrscheinlich noch eine Großbaustelle bekommen. Das nicht baufällige Marienkrankenhaus in unmittelbarer Nähe musste ja auch dem umzäunten Luxusquartier *Marie* weichen. Wie das Abreißen des Bunkers vor sich gehen wird, will ich mir gar nicht so genau vorstellen. Die Nachbarschaft jedoch schon. Sie hat ja horrorartige Belästigungen zu erwarten. Wie lange soll die Zerstörung des Bunkers dauern? Die Bürgerinitiative klärt auf. Ungefährt neun Monate oder ein ganzes Jahr. Sogenannte Lockerungssprengungen müssen geduldet werden. Und vor den Detonationen sollen Warnsignale ertönen. Lärm und Staubmassen sind selbstverständlich und vielleicht gar nicht so ungesund. Irgendwie müsste es Schutz vor Staub geben, und der Sprengungslärm könnte mit Lärmschutzwänden verringert werden. Unklar sind die möglichen Erschütterungen der Häuser in der Umgebung. Weil allein schon die Vorstellungen über diese Totaldestruktion bedrohlich wirken, soll erst einmal ein

Schutzgerüst für die Kita in der Nachbarschaft errichtet werden. Doch über die zu erwartende Lärmbelästigung der Großbaustelle kann man sich kaum streiten, sie wird infernalisch sein. Die Betonwände und Decken sind zwei Meter dick, und die gesprengten Betonbrocken, Futter für die zermalmenden Gebisse der Bagger, müssen weggeschafft werden. Es sollen 12000 Tonnen Betonschutt sein, und da kommen nur Schwerstlaster mit drei oder vier Achsen in Frage. Sie fahren dann mit dem Betonmüll und Stahl den ganzen Tag an den zitternden Häusern vorbei. Verkehrsbelästigungen in den Nachbarstraßen gehören dazu. Auch Dieselabgase beim Abtransport und bei den ständig arbeitenden Baumaschinen nehmen zu. Die Stickoxidmessungen auf dem nahen Friedberger Platz sind zwar jetzt schon viel zu hoch, und vom Schutt wird eine zusätzliche Feinstoffbelastung ausgehen. Alles egal. Die Schüler und Lehrer der angrenzenden Schwarzburgschule müssen gute Nerven haben, wenn sie wegen der Lockerungssprengungen immer wieder aufgeschreckt werden, oder am besten sind sie gleich taub. Den Kinderspielplatz vor dem Bunker können alle kleinen und großen Bürger dann auch vergessen. Es gäbe sicher Möglichkeiten, dem Bunker ein neues Innenleben zu verschaffen, aber der Neubau mit den Wohnungen hat Vorrang. Die indifferente Stadt will immerhin einige neue Wohnungen bezuschussen. Besser wäre es allerdings, die Stadt würde gegen die Leerstände im Nordend etwas unternehmen. Die Bürgerinitative stellt sich viele Nutzungen des Bunkers vor, in dem alle möglichen Stadtteilinitiativen gebündelt werden könnten: Lesungen, Filmabende, Ausstellungen, Diskussionen, Räume für eine Gedenkstätte, ein Lokal, die Möglichkeiten für einen Bürgertreff. Alles wäre besser als die hohe Rendite für den Investor. Mit Sicherheit gäbe es auch Architekten mit Gestaltungsideen für den Glauburgbunker, und die Umnutzung von Bunkeranlagen liegt ja durchaus im Trend. Doch die Argumente der Nachbarschaft, die bei einem Umbau viel weniger CO_2 verkraften müsste als bei einem Abriss, interessieren die Stadt bisher leider nicht. Es gibt aber Klärungsbedarf. Könnte da der Ortsbeirat helfen?

Für Alexander Mitscherlich ist das Grundübel für die »Unwirtlichkeit unserer Städte« die ausschließliche Profitgier von Firmen und Privatleuten, denen Grund und Boden gehörten. Sie haben kein Verantwortungsgefühl für die Stadt. Als Psychoanalytiker kann er sogar von »Herzlosigkeit« sprechen. Statt des mündigen Bürgers sieht er immer häufiger das »augenblicksbezogene Triebwesen«. Sein Longseller von 1965 trägt den Untertitel: »Anstiftung zum Unfrieden«. Die Frankfurter Häuserkämpfer haben das Pamphlet damals wörtlich genommen.

Es nützt alles nichts, morgen am 26. Oktober gehen wir Mieterinnen und Mieter abermals abends zu einer Ortsbeiratssitzung, diesmal ins Haus der Volksarbeit an der Eschenheimer Anlage. Erster und wichtigster Punkt der Allgemeinen Bürgersprechstunde: das Thema »Milieuschutzsatzung«. Auch Mike Josef von der SPD, mit dessen Büro wir in dieser Sache schon korrespondiert haben, ist als Dezernent für Stadtplanung und Wohnen eingeladen. Wir wollen Aufklärung darüber erhalten, warum und von wem die Lersnerstraße aus dem Entwurf der Milieuschutzsatzung wieder herausgenommen wurde. Außerdem steht im Zentrum unserer Forderungen die Verlängerung des Kündigungsschutzes. Was uns ja mehr als besorgt macht, ist die Tatsache, dass die Hessische Verordnung zur Bestimmung von Gebieten mit verlängerter Kündigungsbeschränkung vom 2. Dezember 2014 am 31. Dezember 2019 beendet ist. Das heißt für uns, dass die Verordnung der fünfjährigen Kündigungsfrist unwirksam wird. Unsere Situation wird dadurch noch bedrohlicher, weil es im Moment unklar ist, ob die Verordnung verlängert wird oder nicht. Gerade haben wir im Wahlprogramm der Hessischen GRÜNEN gelesen, dass sie sich – hoffentlich kein Witz – für einen zehnjährigen Kündigungsschutz, wie etwa in Berlin, einsetzen wollen. Bisher hat die schwarzgrüne Landesregierung ihre Chance für eine Verlängerung zu unser aller Unverständnis nicht genutzt. Im Landtagswahlprogramm der GRÜNEN steht ja auch etwas von einem Zweckentfremdungsverbot. Ein paar Nordend-GRÜNE kennen dieses dramatisch anwachsende Problem durchaus und haben sicher einige Adressen von leerstehenden Häusern. Wenn ich aber an Tarek Al-Wazir und sein inniges Verhältnis zu Volker Bouffier denke, kommen mir Zweifel. Kann ihn die Nordendbasis aufklären? Und werden diese GRÜNEN endlich einen Leerstandsmelder durchsetzen? Die Frage ist überflüssig, denn dann käme die Wahrheit über die Zahl der Leerstände heraus. Es ist doch viel besser, dass niemand so genau sagen kann und will, wie viele Wohnungen und Gewerbeflächen in Frankfurt leer stehen. Und leider kann man Wohnungen leicht so präparieren, dass sie bewohnt wirken. Eigentum verpflichtet zu nichts, und Leerstand ist keine Straftat. Wie wäre es aber mit Leerstandsgebühren? Warum denkt die Stadt nicht einmal daran?

Wenn die Luft kühl ist, vermutet man, sie sei sauber. Nach Messungen des Frankfurter Umweltamtes wurde am Börneplatz für 2017 eine Stickstoffdioxidbelastung von 54 Mikrogramm je Kubikmeter Luft gemessen. Der Grenzwert der EU liegt bei 40 Mikrogramm. Damit zählt Frankfurt zu den »Intensivstädten«, ist also eine Intensivpatientin. Aber an den Grenzwerten wird sicher herumgebastelt und verschlimmbessert werden. Wie angenehm wäre es für mich als Fußgängerin, wenn mein Kopf mit guter Luft versorgt würde, ich möchte ja nicht auch Intensivpatientin werden. Immerhin muss ich in meiner

Wohnung keinen stillen Austritt von Gas fürchten, denn der Schornsteinfeger, der zugleich Umwelt- und Energieexperte geworden ist, hat heute schon bei seinen Messungen festgestellt, dass alles in Ordnung ist. Da er in so viele Wohnungen kommt, kennt er das Schicksal vieler Mieterinnen und Mieter, die hier im Nordend in einer ähnlichen Situation sind wie ich. Er hat von einigen Fällen aus der unmittelbaren Umgebung berichtet: »Bei vielen, deren Häuser den Eigentümer gewechselt haben, sitzt die Angst mit am Küchentisch.« Abends sah ich den Teil einer Talkshow von Sandra Maischberger, die darauf hinwies, dass es in einem Jahr 250000 mehr Millionäre als ein Jahr zuvor in Deutschland gibt, vor allem Leute, die reich durch Immobilien geworden sind. Parallel dazu erwartet diese weiter anwachsende Gruppe praktischerweise immer weniger Steuerprüfungen wegen Personalmangels.

Am Sonntag ist Hessenwahl, und es beginnt die Winterzeit. Bei mir hat gestern Abend am 25. Oktober schon meine innere Winterzeit begonnen. Der Termin beim Ortsbeirat war ernüchternd. Das Gutachten für den Nordend-Milieuschutz wurde ausführlich vorgestellt, aber die SPD und die CDU betonten immer wieder, dass es sich um ein städtebauliches Gutachten handle und der Milieuschutz kaum ein Instrument für den Mieterschutz sei. Auf unsere Frage, warum die Lersnerstraße und einige Nachbarstraßen aus der Milieuschutzsatzung herausfiele, bekamen wir Antworten, die niemand nachvollziehen konnte. Die Methoden der Gutachter aus Berlin blieben rätselhaft. Dieses Gutachten der Firma *Stern*, die von sich als Gruppe für »eine behutsame Stadterneuerung und weitgehende Einbeziehung der Bewohner … in den Planungsprozess« wirbt, bleibt unverständlich. Welch ein Hohn. Von uns ist niemand in den Planungsprozess einbezogen worden, außerdem fragen wir uns, ob es unbedingt Gutachter aus Berlin sein müssen. Gibt es in Frankfurt niemanden, der die Kompetenz hat, Frankfurter Probleme zu erkennen? Ach so, Verzeihung, in Frankfurt gibt es keine echten Probleme. Das vorgestellte Gutachten dokumentiert lediglich für uns undurchschaubare Verflechtungen, die eine städtebauliche Ordnung herstellen soll, aus der die Lersnerstraße und die Nachbarstraßen herausfallen. Ich interpretiere das Gutachten als ein Muster angewandter Mikropolitik, also einer Herrschaftsform im Kleinen. Schauplatz Nordend. Ein Ordnungsmodell mit scheinbar objektiven Kriterien, das alternativlosen Glauben erfordert, Nachdenken nicht vorgesehen. Der Ortsverein hat den Vorschlag für den Milieuschutz abgesegnet, wir können diesbezüglich kaum mehr Hilfe erwarten. Die Wiedereinführung des *Wohnraumzweckentfremdungsverbots* (danke, das Wort könnte ja noch unverständlicher, zumindest wenigstens noch länger sein) ist unmöglich, und eine Verordnung zur Beschränkung der Umwandlung von Miet- in Eigentumswohnungen wird es für unsere Straße und die Nachbarstraßen nicht geben. Die Verdrängungsgefährdung tut der SPD und den GRÜNEN zwar leid, doch es gibt für sie rein gesetzlich keine Möglichkeit, gegen die Spekulation mit Wohnraum vorzugehen. Im Gegenteil, die CDU wies darauf hin, dass man Investoren brauche und mit ihnen gerne zusammenarbeite. Und am Rande wurde noch erwähnt, dass der spekulative Leerstand zum Glück ja nicht verboten sei. (Ex-Ministerpräsident Roland Koch hat das Leerstandsgesetz 2004 gekippt, warum auch nicht, er hat ja auch das Nachtflugverbot aufgehoben.) Die Politiker wissen, dass durch Leerstand günstiger Wohnraum verlorengeht. Sie wissen, dass in leerem Wohnraum so richtig gewütet werden kann, um nach der Sanierung die Preise der so entstandenen Eigentumswohnungen rapide steigen zu lassen. Es wäre höchste Zeit, das Leerstandsverbot wieder einzuführen.

Andere Bundesländer wenden längst das Zweckentfremdungsverbot an. Wie konsequent, bleibt unklar. Es ist zumindest eine Ordnungswidrigkeit. Aggression erregte der Hinweis von ÖKOLINX auf den Berliner Baustadtrat Florian Schmidt von den GRÜNEN, der Häuser kauft und rigide Vorgaben für Neubauten durchgesetzt hat. Er ist inzwischen deutschlandbekannt und wird gerne als »Robin Hood der Mieter« bezeichnet, weil er von seinem Vorkaufsrecht Gebrauch macht. Dieser Baustadtrat liefert den Beweis, dass man doch etwas gegen Luxusrenovierungen unternehmen kann, und diese Tatsache ärgerte vor allem den Herrn Schneider von der CDU, der von einer schönen Nähe zu Immobilienfirmen schwärmt. Ich denke an den Politikwissenschaftler Peter Grottian, der auch wissenschaftlicher Beirat von Attac ist und gerne als Schrecken des Establishments bezeichnet wird. Er spricht immer wieder von einer strukturellen Komplizenschaft von Politik und Spekulantentum. Das Hin- und Hergeplänkel in der Ortsbeiratssitzung erreichte meine Ohren bald nicht mehr. Die Anhörung von uns Bürgern versinkt im Nebulösen, denn Einflussmöglichkeiten gibt es so gut wie nicht. Es nützt nichts, auf die Passage aus dem Baugesetzbuch über den Milieuschutz »Zum Erhalt der Zusammensetzung der Bevölkerung« hinzuweisen. Ich will auf keine Ortsbeiratssitzung mehr gehen, und ich werde es auch nicht mehr, außer meine Mitbewohner zerren mich hin.

Die Situation in unserem Haus hat sich von einem Tag auf den anderen weiter verändert, denn die jungen Leute aus Irland, die im fünften Stock wohnten, sind geradezu überstürzt ausgezogen, haben uns aber vorher ihre Absicht nicht mitgeteilt. Sie sollen eine nicht unbeträchtliche Abfindung bekommen haben. Wie viel sie bekamen, sagten sie uns auch nach höflichem Nachfragen nicht. Jetzt sind also schon zwei Wohnungen leer.

Auf einem Wahlplakat der SPD steht: »Zukunft jetzt machen«. Oh ja, ich würde auch gerne meine Zukunft jetzt machen und noch lieber gestalten, aber ich weiß nicht, wie. Überall in der Presse wird gefragt: Wo steht Hessen? Mir würde es schon genügen, wenn ich wüsste, wo ich stehe. Seit der Ortsbeiratssitzung muss ich aber erkennen, dass die Lersnerstraße nicht einmal inmitten des Milieuschutzes steht, also ist sie auch irgendwo im freien Fall. Nur wohin? Von welcher Koalition würden wir hier vielleicht profitieren? Wen soll ich morgen wählen? Vielleicht doch die GRÜNEN, die in ihrem Wahlprogramm plötzlich eine Sperrfrist von Kündigungen für zehn Jahre einführen wollen und ein Verbot wegen Wohnraumzweckentfremdung für dringlich halten. Wird die Wohlfühlpartei so handeln, dass auch ich mich wohlfühle? Es wird viel von einer Schicksalswahl gesprochen.

Nein, das Wort Schicksalswahl ist zu dramatisch. Einen Tag nach dem Wahltheater spüre ich nur ein flaues Gefühl im Magen. Es wird also alles sein wie gehabt. Die SPD hat über zehn Prozent verloren, obwohl die Leistungsbilanz von Schwarz-Grün gerade in den Bereichen Bildung und Wohnen minimal gewesen ist. Warum konnte die SPD kein Kapital daraus schlagen? Das Thema Wohnen interessiert offensichtlich zu wenige Wähler. Das Schlimmste an der Landtagswahl ist aber der Zuwachs der AfD, die sicher einige Prozente von der SPD bekommen hat. Kein goldener Oktober mehr im Nordend. Die inzwischen beschlossene Milieuschutzsatzung wird zwar nach vier Jahren Planung endlich in Nordend-Mitte und Nordend-Süd eingeführt werden, aber für die Lersnerstraße und die Nachbarstraßen erst einmal nicht. Aus einem Brief vom Ortsbeirat erfahren wir, dass noch nachgebessert werden soll, aber nicht wann. Die Stadt müsste wesentlich mehr Geld im städtischen Haushalt bereitstellen, um Häuser zu kaufen und die Mieter so vor sinnlosen

Luxusrenovierungen zu schützen. Außerdem müsste es wesentlich mehr Personal geben, um diese Milieuschutzsatzung auch umzusetzen. Ach ja, Mike Josef von der SPD wird eine *Stabsstelle* für Mieter einrichten, denen Vertreibung droht. Stabsstelle, ein ungeschicktes Wort, das klingt nach Krieg. Demnächst wird es ein paar Spezialisten im städtischen Amt für Wohnungswesen geben, an die sich Mieterinnen und Mieter wenden können, wenn sie von kalter Entmietung bedroht sind. Es ist jetzt schon klar, dass diese Spezialisten hoffnungslos überfordert sein werden. Aber der Informationsaustausch mit Rechtsberatern und Akteneinsicht für Genehmigungsverfahren und Baupläne müsste möglich sein. Der Kontakt mit den Ämtern (zum Beispiel der Bauaufsicht oder dem Denkmalamt) könnte von der Stabsstelle aus koordiniert werden. Gibt das Hoffnung? Bisher haben die Aufsichtsbehörden bei der Problembewältigung nicht geholfen. Es gibt immer noch keine verlässlichen Zahlen über leerstehende Häuser und Wohnungen. Halb professionell wird abgewiegelt und bedauert. Und in Zukunft? Wird die Wohnraumzweckentfremdung in der größten hessischen Stadt gestoppt werden können? Ich stelle mir diese Frage nicht wirklich. Bei den Römerberggesprächen jetzt im November wurde die These aufgestellt, dass, wer DIE GRÜNEN wählt, den geringsten Widerstand wählt. Immerhin ist für den GRÜNEN-Vorsitzenden Robert Habeck das völlige Aufgeben der Moral »nicht erstrebenswert«. Soll ich mich über diese Aussage freuen? Allerdings ist für einige geschmeidige GRÜNE Klimapolitik auch Sozialpolitik, und wenn sie demnächst das Wohnressort in Hessen bekommen, tut sich vielleicht doch etwas in unserem Nordend mit seiner Premiumlage und seinen Premiumobjekten und Premiumautos, denn nicht alle leben premium.

In den Vorgärten rotes und gelbes Laub. Die Immobilienbranche bietet verstärkt Wohnungen um den Holzhausenpark herum an. Das ist doch alles net bös gemeint. Endlich kann man entspannt leben, also: Worauf warte ich? Die Wohnungswirtschaft freut sich über immer größere Chancen, denn den Leuten mit dem kleinen Geldbeutel stehen doppelt so viele Anspruchsvolle gegenüber. Vor allem für sie wird gebaut. Der Münchner Immobilienmarkt, der attraktivste in Deutschland, ist jetzt vom noch attraktiveren Frankfurter Immobilienmarkt überholt worden. Nun ist Frankfurt endlich Immobilienmarkt Nummer eins! Gratulation an die Stadt und ihren SPD-Oberbürgermeister! Und wo ist eigentlich Frankfurts Seele geblieben? Könnte der Oberbürgermeister, der sie so gut zu kennen meint, mit uns Mietern auf die Suche gehen? Bei Max Mustermann jedenfalls hält sie sich nicht auf.

Noch ist rätselhaft, wann was mit unserem Wohnhaus passieren wird. Also das Orakel fragen. Samuel Beckett lässt seine Landstreicher Wladimir und Estragon auf den Brettern, die die Welt bedeuten, immer weiter warten. Heute sind sie Verwandte der vielen Obdachlosen, die gerne an die Stadtränder transportiert werden, damit die sensiblen Städter ihnen auf ihren Wohlstandsinseln nicht begegnen oder sie sogar ansehen müssen, denn sie stören das Wohlfühlklima.

Gerade geht wieder der Fall eines Hauses an der Adalbertstraße in Bockenheim, das von einer Investmentgesellschaft gekauft wurde, durch die Presse. Wieder einmal greift hier die Milieuschutzsatzung nicht, obwohl das Bauamt das Vorkaufsrecht empfohlen hatte. Jan Schneider von der CDU, den wir schon auf der Ortsbeiratssitzung kennenlernten durften, hat mit dem Argument, dass die Mieten schon über dem Mietspiegel lägen, nichts getan. Offensichtlich braucht man das Milieu dann nicht mehr im Sinne der Satzung zu schützen. »Es fehlt am politischen Willen«, titelt die *Frankfurter Rundschau* ihren

Artikel über Herrn Schneider von der CDU. Die SPD und die GRÜNEN kritisieren auch sein Verhalten, weil er nicht auf eine Abwendungserklärung hingearbeitet hat. Für die *Frankfurter Rundschau* sind übrigens die Milieuschutzsatzungen nur »hilflose Zuckungen«. 1 500 Häuser wechseln in Frankfurt innerhalb eines Jahres ihre Eigentümer. Nur eine einzige Person soll in der Stadt für das Vorkaufsrecht zuständig und offenbar niemandem verantwortlich sein. Praktisch, dass das auch so bleibt.

Qualvolle Geräusche am Samstagnachmittag im Treppenhaus lassen mich aufhorchen. Ich schaue aus dem Fenster. Die Sonne geht langsam unter. Da steht ein blinkender Krankenwagen mit der Nummer 112 vor dem Hauseingang. Die Bahre mit einem Mann, der auf dem Bauch liegt, wird auf die Straße hinausgeschoben. Der Sanitäter zieht ein Tuch über seinen nackten weißen Rücken, der aussieht wie ein Marmorblock. Ich erkenne den verdrehten Kopf unseres Mitbewohners aus dem vierten Stock. Er hat sich immer wieder für das Weiterwohnen in unserem Haus eingesetzt. Vor ein paar Monaten wollte er sogar einen Brief an den Oberbürgermeister schreiben, lachte aber selbst schon bald über diese absurde Idee und informierte stattdessen einige SPD-Mitglieder aus dem Nordend über unsere Situation. Besuche beim Ortsbeirat und die Korrespondenz mit der Bauaufsicht fand er sinnvoll. Er war sich sicher, dass wir es schaffen, in unserem Haus weiter zu wohnen, wenn wir nur die anstehenden Verordnungen und Gesetzesentwürfe so öffentlich wie möglich zu unseren Gunsten mitgestalten, doch seine Zweifel wurden nach der Wahl stärker.

Im Haus ist es ungewöhnlich still, nur die steil geschwungene Holztreppe knarrt. Heimatliche Glockentöne klingen aus der Epiphaniaskirche herüber. Unter meinem Fenster fährt ein Auto mit der Aufschrift *Mc Makler* vorbei.

Gerüchte schwirren herum. Das gehört zur Methode. Die Dachwohnung im fünften Stock will der Investor demnächst oder später für fast 800 000 Euro verkaufen. Was sind schon Zahlen. Vielleicht soll sie aber erst einmal vermietet werden? Es gibt auch noch ein anderes Gerücht: Das Haus könnte vom Investor womöglich schon bald ganz weiter verkauft werden, denn er hat inzwischen die *Abgeschlossenheitsbescheinigung* beantragt. Diese Bescheinigung ist die Vorstufe für die Eintragung von Wohnungseigentum im Grundbuch. Der neue Hausbesitzer steht also vermutlich so gut wie vor der Tür. Er hat (noch) kein Gesicht und müsste nicht automatisch unser Feind sein. Vielleicht will er nur sein sauer verdientes Geld in einem schönen Haus unterbringen und ist mit dem Kaufakt völlig zufrieden? Das würde allerdings an ein Wunder grenzen. Der Investor lässt sich vielleicht Zeit mit dem Weiterverkauf, ganz im Sinne der kapitalistischen Vernunft. Allein durchs Nichtstun steigt der Wert des Hauses. Die Hände braucht man sich nicht dreckig machen, der neue Besitzer kann ja noch warten! Oder sollen doch Umbaumaßnahmen durchgeführt werden, die noch wertsteigernder sind? Werden es zehn Käufer für zehn Wohnungen sein? Oder genügt einer? Fremde schleichen im Treppenhaus herum und besichtigen die Dachwohnung. Mögliche Käufer erkennt man an ihren fast heimlichen Schritten. Ganz unsichtbar machen können sie sich nicht.

Wir haben wieder einen Brief bekommen. Diesmal vom Fraktionsvorsitzenden der GRÜNEN aus dem Ortsbeirat 3, Nordend. Dem entnehmen wir, dass der Ortsbeirat bei seiner nächsten Sitzung Ende November »einen Antrag zur Erweiterung des Geltungsbereichs im Nordend bzw. zur erneuten Begutachtung« vorlegt. Das Gutachten aus Berlin, das die Lersnerstraße und benachbarte Straßen aus der Milieuschutzsatzung ausschließen will, war also für die GRÜNEN doch nicht so recht nachvollziehbar. Der Fraktionsvorsitzende, der den Verkauf unseres Wohnhauses in der Lersnerstraße einen »Spekulationsverkauf« nennt, schreibt: »In der Begründung zur Erhaltungssatzung Nr. 50 finden sich teilweise nicht nachvollziehbare Bewertungen, die vermutlich auch auf mangelnde Ortskenntnisse zurückzuführen sind.« Also könnte es sein, dass die Lersnerstraße doch noch in die Milieuschutzsatzung der Magistratsvorlage aufgenommen wird? Diese Initiative der GRÜNEN ist sicher gut gemeint, bringt uns aber zur jetzigen Zeit nicht weiter. Es ist nur ein Prüfauftrag, der zu einem neuen Gutachten führt, und das alles dauert vielleicht nicht bis zum Sankt Nimmerleinstag, aber nützt für die Gegenwart nichts und kommt vielleicht bedauerlicherweise zu spät. Außerdem möchte der GRÜNE Ortsbeirat, dass die Frage des Umwandlungsvorbehalts, die Verlängerung der Sperrfrist und das Zweckentfremdungsverbot in die neuen Koalitionsvereinbarungen eingehen. Klingt gut, aber sind das mehr als Wortungetüme? Letztendlich achten die meisten Politiker vor allem darauf, dass sich die Immobilienlobby bei ihren Spekulationskäufen unbedingt wohlfühlt.

Ein junger Banker radelt zielstrebig zu seinem Arbeitsplatz. Ein Fahrradfahrer, der ihn wohl kennt, schreit zu ihm hinüber: »Du kannst den Rachen wohl nie voll genug kriegen!« Der Banker schreit zurück: »Ohne deine Gier ging es auch nicht.«

In unserem Nochmietshaus läuft das Leben fast wie immer ab. Mein Zuhause ist da, wo ich die Miete zahle. Aus meiner Wohnung will ich mich nicht herausmodernisieren lassen, ich kenne ja als lästige Mieterin inzwischen einen guten Anwalt, und dieser Anwalt kennt sicher den banalen Algorithmus, nach dem der Investor handeln wird.

Mietwucher und die wuchernden Territorien des Immobilienmarktes treffen ins Zentrum unserer globalisierten Gesellschaft und sind, man kann es nicht anders sagen, ein Teil des Bösen unserer Zeit. Fest steht, dass der Immobilienmarkt immer noch weiter im Aufschwung ist. Bald soll es aber aus sein mit dem Aufschwung. Der Verband rechnet damit, dass sich 2018 deutsche Wohnungen um etwa acht Prozent verteuern. Da die Zinsen so gut wie gar nicht mehr vorhanden sind, freuen sich die Eigentümer jeden Tag immer mehr über den wachsenden Wert ihres Besitzes, in dem das Geld wohnt. Sorgen machen sich Mieter. Diese Sorgen wachsen auch. Die Macht der Immobilienbranche müsste, wie die Diktatur der Konzerne, so sieht es nicht nur Thilo Bode, demokratisch kontrolliert werden. Ein frommer Wunsch. Das beste Beispiel ist Amazon. Jeff Bezos wurde unter anderem deshalb zum reichsten Mann der Welt, weil er so gut wie keine Steuern zahlt und seine Arbeiter, die nicht mehr Arbeiter heißen, schamlos ausbeutet. Ganz offensichtlich ist er mächtiger als der Staat. Dieser internationale Skandal ist ganz normal und wird (noch?) übergangen. Rückständig, wer daraus Schlüsse zieht und nicht mehr so viel über Amazon bestellt. Besser wegsehen und mitmachen.

Die Bahre und der Krankenwagen auf der Lersnerstraße waren keine Fata Morgana. Eine Fiktion könnte ich anders gestalten, die Realität nicht. Ich berichte nur, was ich in diesem Jahr der Extreme erlebe. Bis in den Schlaf hinein verfolgen mich die Bilder vom verdrehten Kopf und dem nackten Rücken. Wer den Tod nicht mitdenkt, schreibt schlecht. Der Himmel ist verhangen. Der Dürresommer hat massive Spuren hinterlassen. Ein paar ausdauernde Rosen blühen noch in den Vorgärten. Der Wert unseres Hauses steigt auf dem allzu freien Markt. Unruhig stelle ich mir ständig Fragen, die ich noch nicht beantworten kann. Sind die Wohnung, das Haus, die Straße, das Nordend, die Stadt noch meine Heimat? Oder bald nur noch Erinnerung? Frankfurt am Main: führend bei Preissteigerungen. In der schwärmenden Immobiliensprache heißt es: »In Frankfurt lebt der Esprit.« Oder: »Edel wohnen, smart investieren.« Heimat hängt mit heimatlich zusammen. Das Heimatliche gehört zum Heim. Daraus leitet Freud das Wort »unheimlich« ab. Das ist ein (kindlicher) Zustand, in dem nichts mehr um einen herum vertraut ist, auch die Zimmerwände nicht mehr schützen und man draußen winzig klein in dieser viel zu großen Welt herumtaumelt. Einfach fortgehen, nur wohin? Es wird doch allein schon immer anstrengender, draußen als Fußgängerin herumzulaufen. In meiner Mietwohung gehe ich ganz ungestört zwischen dem Schreibtisch und dem Fenster hin und her. Manchmal habe ich den Eindruck, dass die Dinge auch mich wahrnehmen. »Put your imagination in motion.« Trotzdem kann ich meine Wohnung nicht huckepack auf den Rücken nehmen. Und leider ist die Wohnung auch kein Boot, mit dem ich wegrudern könnte. Das Lebenskino auf der Lersnerstraße kommt mir nicht mehr so alltäglich vor wie früher. Kaum ist die Gegenwart da, verschwindet sie nach einem Wimpernschlag in der Vergangenheit. Überall neue Wirklichkeiten. Überall neue Baustellen.

Zeitlos geborgen, wie es in der Immobiliensprache heißt, bin ich beim Wohnungsausverkauf nicht, und entspannt leben kann ich auch nicht. Beim Blick aus dem Fenster sehe ich das Haus vis-à-vis und die nicht endenden Modernisierungsmaßnahmen. Gerade werden wieder Betonplatten von Schleifgeräten ohrenbetäubend zersägt. Aufgewirbelter Staub weht aus den offenen Fenstern. Es gäbe ja Absaugfilter wegen der Belastung, aber die Arbeiter tragen nicht einmal Schutzmasken. Und neben dem Spiegel an einer Zimmerwand das unbewegte Gesicht Maos. Im Vorgarten wird steriler Fertigrasen ausgerollt, und zwei neue Bäumchen werden gepflanzt. Je genauer ich diese scheinbar zusammenhanglosen Momentaufnahmen betrachte, umso fremder blicken sie auf mich zurück. Ich kann meine Wohnsituation nicht ausblenden. Komisch, dass ich mich gar nicht ohnmächtig fühle, obwohl ich mir oft wie eine fast fremde Passantin im Nordend vorkomme. Wenn es in Frankfurt irgendeine Art Revolte gegen den politischen Bankrott gäbe, ich wäre dabei, denn durch Pessimismus ändert sich nichts. »Zum Angst haben ist es jetzt zu spät«, heißt es im Film *Außer Atem.*

Das Ergebnis des Immobilienfiebers ist überall sichtbar. Auf dem abgerissenen Areal des Diakonissenkrankenhauses in der Holzhausenstraße entstehen vier Luxuswohnhäuser, deren Apartments man in virtuellen Rundgängen schon vor der Fertigstellung ansehen kann. Der Projektentwickler *Edenholz* bringt, wie der Name schon sagt, »paradiesische Zukunft und eine garantiert positive Atmosphäre für das gehobene Segment« in das Viertel; für 70 Quadratmeter soll fast eine Million Euro auf den Tisch geblättert werden. Doch das sogenannte kosmopolitische Flair von Frankfurt symbolisiert sich wirklich im Wohnquartier *Grand Ouest*, das gerade gegenüber der Messe aus dem denkmalgeschützten Juwel der Oberpostdirektion fertiggestellt wird, am deutlichsten. Dieses kernsanierte Westendpalais mit Innenhof und Concierge-Service gehört zu den teuersten Wohnanlagen Frankfurts. Ja, ja, im Luxussegment ist die Stadt (auch an anderen Orten) durchaus dynamisch. Den Immobilienspekulanten liegen konkrete Interessen aus Saudi-Arabien, Russland und China vor. Dumm, wer da an Geldwäsche denkt. Aber es muss ja nicht unbedingt so sein, Finanzdienstleister aus London sind auch erwünscht. Und für Investoren ist es besonders attraktiv, dass alle Wohnungen von garantierten steuerlichen Sonderabschreibungsmöglichkeiten profitieren. Die Wertsteigerungschancen der Käufer aus dem In- und Ausland wachsen. In 164 Einheiten soll es, so die Immobiliensprache, »einen exklusiven Rahmen für ein komfortverwöhntes Leben« geben und »effektive Objekte für Ihren Vermögenszuwachs«. Immer wieder wird in der Werbung des *Grand Ouest* erwähnt, dass bis zu 60 Prozent Abschreibungen bei diesem Bauvorhaben möglich sind. Der Denkmalschutz hilft Steuern sparen. Und wer nach zehn Jahren verkaufen will, dessen »Veräußerungserlös ist steuerfrei.« So sehen also die »Trends für die Zukunft« aus und das »Wohnen von morgen in ganz neuen Dimensionen«. Alles läuft doch prima. Aber nicht für alle. Ich kann mich nicht von der Steuer absetzen. Frankfurt wird für ausländische Investoren immer beliebter. Gerade teilte ein Immobilienspezialist mit, dass unsere Stadt auf Platz fünf im globalen Ranking hinter London, Paris, New York und Shanghai steht. Das Jahr neigt sich seinem Ende zu, Geld wandert, gesichtslos, gerne mit der Gier. Hauptsache, es weiß, diskret geschützt, wohin. Das Nordend ist überall. Ein Jahr der Rekorde, besonders auf dem Immobilienmarkt. Einen anderen Rekord gibt es beim Aussterben von Tieren und Pflanzen.

Gestern war Sonntag, schon schaut der Montag um die Ecke und mit ihm mein Lieblingsgast. Für ihn öffne ich weit meine Wohnungstür. Ich lasse mich gerne überraschen. Ist die vom Oberbürgermeister oft beschworene Seele inzwischen so robust, dass sie das Individuum stärkt? Ich habe keine feste Vorstellung von der Seele. Kann sie altern? In die Besitzgier nistet sie sich nicht ein. Mein Bericht geht jetzt zu Ende. Ich hätte noch viel mehr zu schreiben, aber das können auch andere tun. Ans Nordend klammern sich Erinnerungen, und es klaffen nicht nur wegen der Großbaustellen beunruhigende Lücken. Manches entgleitet schon nach flüchtigem Hinsehen im Vorübergehen, denn meine Augen können nicht die ganze Szenerie erfassen. All diese Bilder von Tatsachen, die sich schon wieder verändern, während ich schreibe, und all der Zahlenwirrwar. Zahlen können manchmal mehr aussagen als Worte. Die Probleme verdichten sich. Die dritte Wohnung im Haus wird leer. Wo ich bin, wenn ich in meiner vertrauten Wohnstatt bin, weiß ich mehr denn je. So bleibe ich als Gast auf Erden hier im Nordend, in einem Haus ohne »Türhüter«. Meine Seele wird in keiner Traumimmobilie, die zeitlos geborgene Premiumatmosphäre suggeriert, herumschweben. Zeitlos geborgen kann man auch in einem Luxussegment nicht sein. Mein Leben als Mieterin geht weiter. Und die Linde, durch die das Licht scheint, steht immer noch an ihrem Platz.

Unser Mitmieter ist nicht mehr aus dem Koma aufgewacht. Worte von Novalis stehen auf seiner Todesanzeige:

Wo gehen wir hin?
Immer nach Hause.

Dank an die Aktionsgemeinschaft Westend, die Bürgerinitiative Glauburgbunker, die Bürgerinitiative für Fluglärmschutz (BBI), die Frankfurter Allgemeine Zeitung, die Frankfurter Rundschau, Frontal 21, die Initiative Stolpersteine in Frankfurt am Main, den Mieterschutzverein, meine Mitmieter, die Nachbarschaftsinitiative NBO, meinen Rechtsanwalt, die *Süddeutsche Zeitung*, die *taz*, den *Spiegel* und Wikipedia.

ISBN: 978-3-86489-305-6
336 Seiten
auch als E-Book erhältlich

Sein dritter Fall führt den Journalisten Mitch Berger mitten hinein in das Frankfurter Bahnhofsviertel, um vor Ort einen brisanten Auftrag zu erledigen.

Integrationsprobleme, Drogenhandel, offene und versteckte Prostitution, Bandenkriege und die immer heißer werdende Spekulation mit Immobilien im Viertel bilden den Hintergrund dieses atemlosen Thrillers. Was im multikulturellen und schaurig schönen Rotlichtviertel zunächst harmlos beginnt, steigert sich zu einem blutigen Verwirrspiel mit Menschen, die nichts zu verlieren haben – außer ihrem Leben.